地域の寄り合い所 また明日

新しい時代の共生のカタチ

太田美由紀

風鳴舎

写真　藤田浩司

はじめに

「地域の寄り合い所　また明日」を初めて訪れたのは、２０１６年7月16日のことだ。

私は、ＮＨＫスペシャル「ママたちが非常事態!?」という番組の書籍化の編集を担当していた。番組は、母となった女性の体の科学的知見や、多くの母親がワンオペ育児へと追い込まれている現状など、現代日本の子育てに焦点を当てたものだった。育児に光を当てたＮＨＫスペシャルは珍しい。時代が現代の孤立した子育ての大変さにようやく気づき始めていた。書籍では、番組の内容に加え、独自の取材をして各章末にページを追加した。

その最終章のまとめ部分に、東京大学名誉教授の汐見稔幸さんにコメントをいただいたことがすべてのはじまりだった。

「子育て支援は今大きな転換期を迎えています。今の子育て支援の弱点は、関わる世代が限定されていること。これからは世代を超えて深い安心感に包まれて一緒に過ごせる環境を再構築する必要があります。そのためには地域に合った無理のないかたちを模索しなければなりません」

汐見さんはその書籍をまとめる言葉としてそう述べ、別れ際にこう付け加えた。

「小金井市におもしろいところがあるから一度行ってみるといいよ。あそこは、子育てだけでなく、これからの地域づくりのモデルになっていく場所だから」

そうして、私にその施設を教えてくれたのである。私はその日のうちに「地域の寄り合い所　また明日」に連絡をとり、後日、取材に向かうことにした。

「また明日」がどのように運営され、どのような人たちに利用されているか。また、子育て支援についてどのような役割を果たしているのかについて聞くことが目的だった。2時間ほどの訪問だったが私はすっかり「また明日」という場所に惹かれていた。その魅力が何なのか、自分の中ではっきりとはわからなかったが、その時私が抱えていたさまざまな「問い」に対する答えがここにあるような予感がした。

その頃の私は、ぼんやりとした危機感を抱いていた。日本の社会、教育、子育てに。15年以上にわたり、フリーランスの編集者、ライターとして、子育てや教育に関連する雑誌や書籍、テレビ番組などに携わってきた。子育てコーディネーターとして子育て相談の現場にも立ち、子育て中の母親たちのリアルな声も聞いてきた。多くの親は何かに追い立てられているように見えた。それは幼い息子たちの子育てに格闘していたかつての私の姿だった。子育ての雑誌やテレビ番組に携わりながら、私はいつも疑問を抱えていた。

私たちは何に追い立てられているのだろうか。

私がしていることは役に立っているのだろうか。

幸せに生きるとはどういうことか。

そもそも、人間とは何か。


2ページの原稿を書き終え、その書籍が手を離れても、「また明日」のことをもっと知りたいという気持ちがうごめいていた。

「どんな形になるか、何のあてもありませんが、取材にうかがってもいいですか」

「どうぞどうぞ。いつでもいいですよ」

その後、ひと月に数回、エプロンを持参し、ボランティアのようなふりをして取材を始めた。ボランティアのようなふりをしても、私はほとんど役には立っていなかったが、そんな私でも自然に迎え入れてもらえた。

はじめの頃はどのように「また明日」に居ればいいのか手探りだった。所在無く座っていると、近くのおじいちゃんが話しかけてくれる。そのおじいちゃんは、ご自宅から持参したリュックサックから鉱物の図鑑を取り出し、さまざまな鉱物についての解説をしてくれた。子どもたちも私におもちゃを持ってきてくれる。絵本を持ってきて、「これ読んで」という子もいた。受け入れてもらえたようで、うれしかった。散歩の時には子どもと手をつないで野川で草を摘んだり、神社の境内で一緒にどんぐりを拾ったりした。

フリーランスの編集者やライターには決まった勤務時間がない。家で原稿を書いていればエンドレス。原稿を書く休憩に息子たちの食事を作り、家事をして、また原稿を書く。朝起きて、会議に出かけ、打ち合わせをし、家に帰って食事を作ってみんなが寝静まる頃にまた原稿を書く。常に時間に追われ、締め切りに追われながら、昼も夜もない状態で仕事をしている毎日だった。そんな日々の中で、「また明日」を訪れる1日は本当に楽しい時間だった。取材というよりも、自分自身が心を休めに行くような感覚だった。

そうして、発表するあてもないまま取材を重ねるごとに、「また明日」は新しい顔を見せてくれた。「また明日」で過ごす時間の中で、これからの時代を私たちが幸せに生きていくための「道しるべ」がたくさん見つかった。これは何としても多くの人に伝えたい。その思いは、日に日に強くなっていく。

近年、日本では、効率を求めて人を均一に分類し、分断し、管理、教育するシステムによる歪みが社会のあちこちに表出している。

私はそのことにうんざりしていた。

女性、男性にかかわらず、わが子が生まれるまでは乳幼児と身近にふれあう機会がほとんどない人が多い。いわば、赤ちゃんはこれまでの人生で出会ったことのない未知との遭遇である。そのため、出産前に思い描いていた幸せな子育てとはかけ離れた生活と突然向き合わねばならなくなる。

子育てはほとんどの場合、予定通りに進まない。見通しを立てて行動することを良しとされ、訓練されてきた私たちは、突発的なハプニングに対応することに全くもって慣れていない。子育て中の母子が孤立し、ワンオペ育児、アウェイ育児などという言葉が渦巻くこの時代に、想定外の事態に追い込まれる子育てを何のモデルもないままに心から楽しめというのは酷な話である。

子どもたち自身はどうだろうか。子どもによっては乳幼児から習いごとに追われている。社会からの脅迫を敏感に感じとる真面目な保護者ほど、ほかの子に遅れを取らぬようにと早期教育に走る。母語である日本語を話すようになる前に英語教室に通い、希望どおりの幼稚園に入るための「お教室」に通わされる。子どもに選択肢はない。

小学生ともなれば、アポイントがなければ友達と遊ぶことは難しい。好奇心のままに遊び、興味を持ったことをとことんやり抜く時間の余裕はなく、学校では、決められたカリキュラムのもと、先生の指示通りに、文句も言わずに遂行する子がほめられる。平均的な枠から少しでも外れると、発達障害の疑いがあるとされることもある。身体障害、知的障害があるとなおのこと、多くの場合、同じ教室内で授業を受けることは難しい。教員に余裕はなく、教室ではどんな個性を持った子も同じ教材に一律のスピードで取り組まねばならない。それについていけない子どもたちは努力が足りないといわれてしまう。

貧困が連鎖することが問題となる一方で、裕福な家庭の子どもたちも価値観や考え方が均一化されていく。偏差値で仕切られた箱の中で同じように育てられた若者たちは、社会に出て教科書通りにいかない人生に自分を見失う。むしろ、失敗しない道を選び続けて大人になり、最初から自分は空っぽだったのではないかという疑念に苦しむ人も多い。自分の心の声に気づくことさえできず、自らいのちを絶ってしまうこともある。

私たち人間は、今までこのようにして生きてきたのだろうか。

出産して初めて触れる赤ちゃんにどう接していいかわからない。障害のある人、年老いた高齢者はどんな人たちなのかわからない。わからないことは怖さにつながる。

障害がある人や難病を抱える人、認知症の高齢者も社会から隔離されてきた。

ホームレスや貧困の問題は自己責任だという人もいる。

社会の役に立たない人は生きている価値がないと言い出す人まで出てきた。役に立たないヤツは殺せと行動に移してしまう事件が起こる。役に立たない自分は、もう生きていても仕方がないと周りを巻き込んで死を選ぶ人もいる。我が子がそうならないようにと自らの手で我が子のいのちを終わらせる人がいる。

ニュースだけを見れば暗澹たる時代である。多発する子どもを巻き込んだ事件は当事者だけの問題ではなく、社会全体の問題として捉えなければならない。

そんな中、地域共生社会を作れ、地域でつながり助け合えと国はいう。

つながることで財政が削減できると急に言われても大半の人は戸惑うばかりだ。これまで、自分のことは自分でしろ、自分の身は自分で守れと言われてきた。知らない人についていってはいけません、声をかけられたら逃げなさいと言われてきたのだ。

私たちの多くは、つながり方がわからない。

しかし一方で、今、日本各地で新しい動きが確実に生まれつつある。小さな市民団体やコミュニティから地域に根ざして自然発生的に立ち上がり、成功している例は、点在してはいるが増加傾向にある。その本質が理解されないままに、トップダウンで各自治体において（場所によっては受動的に）地域共生社会を目指して様々な事業化が始動するこの時期にこそ、一人ひとりが地域共生社会の本質的な意味を感じとることが必要なのではないか。

多様な人たちが地域でつながることの本当の意味とは何か。

そこにどんな可能性があるのか。

「また明日」の毎日には、「違う」人たちが出会い、共に過ごすことでとびらが開く瞬間をいくつも見つけることができる。

この本では、実際の現場で生まれる具体的なやりとりを書き留めることに心をくだいた。読者一人ひとりが無理なく取り入れられる考え方やその核となるものを抽出しようと試みた。読者自ら「今日からできる小さなこと」を見つけ、とびらを開くためのきっかけになることを願っている。

幼老共生、地域共生社会にとどまらず、「人間の本質」に迫りたい。雑多でゆるやかな「また明日」というコミュニティの中、ひとりひとりのペースで、いつの間にか引き出されていく「人間本来の学び」「つながりの力」「生きて死ぬこと」に迫りたい。

一人ひとりが、ありのままで生きていくことができる社会へと一歩ずつ近づいている。その息吹の一つを届けたいと思う。

私が「また明日」で感じることができた、人と人とのつながりによって生まれる素晴らしい世界を、ほんの少しでも届けることができれば幸いである。

太田 美由紀

目次

第1章

「地域の寄り合い所 また明日」ができるまで

初めての訪問

東京都小金井市に、「地域の寄り合い所　また明日」（以下「また明日」）と名付けられた多目的福祉施設がある。初めてその場所を訪れたとき、私はその建物の前を二、三度行ったり来たりした。グーグルマップに案内されてたどり着いた場所は、こじんまりとした二階建てのアパートだった。見たところ、およそ築50年。さらに、その周囲には門らしきものもなく、もちろんオートロックもインターホンも見当たらない。

「認知症高齢者のデイホーム」と「認可外保育施設」、地域の人が誰でも気軽に立ち寄ることができる「寄り合い所」の3事業を、一つ屋根の下で行なっているとホームページにはあったが、外から見る限り、どう見てもそうは見えないのである。私がそれまでに訪れたことのある高齢者施設とも保育所とも、あまりにも様子が違う。

都心への通勤や通学に便のいい郊外の駅から徒歩20分。駅前はビルや商業施設、マンションなども多く賑やかだが、「また明日」の周囲は都内とは思えないほどのんびりした住宅地だった。比較的新しい戸建て住宅もあるが、大きな敷地に建つ古い家もある。北に数分歩けば小さな野川が静かに流れ、神社や寺もある。「また明日」の建物の目の前には、大

また明日
いつでもどなたも
こちらからどうぞ
・どなたでも気軽に立ち寄れる…寄り合い所
・保育施設…………小さな保育園 虹のおうち
・介護保険のデイサービス…また明日デイホーム
営業日:月曜～金曜(祝祭日を除く)
営業時間:8:00～18:00

きな一本のケヤキとほんの少しの遊具だけがある広場のような公園があり、敷地の間には垣根のように植えられた木々が雄々しく生えていた。その端には、人がくぐり抜けられるほどの穴が空いている。この間をよく行き来しているのだろうと推測できた。

再び住所を入力してグーグルマップで検索すると、やはり場所は間違っておらず、その場所の写真として目の前のアパートが写し出される。よく見れば小さな看板がそっと掲げられている。場所を間違えているわけではないようだ。

アパート1階の一番手前のベランダに木製の階段がつけられていたので、「こんにちは」と声をかけ、そこから入ろうとしたが、鍵がかかっているようで入れない。もう一度引き返して全体を見渡すと、奥にもう一つ階段があった。駐車場としても使われているその広場の奥に進み、先ほどと同じような木製の階段を数段上がると、そこにはすのこが敷かれ、大人の靴を入れた靴箱と、乳幼児の靴が並んだ小さな棚がある。どうもこちらが本来の入り口のようだった。

元はベランダの出入り口であったであろう引き戸はガラス製で、外からも中からもお互いを見ることができる。私が靴を脱ぎ、引き戸を開けようとした時には、昼寝をせずに起きていた乳幼児数名と小型犬が入り口付近にずらりと集まって、うれしそうにじっとこちらを見ていた。

「お電話でお約束した者ですが……」

引き戸を開けた途端に、興奮気味の子どもと犬たちに囲まれる状況は想定外で、うれしさ半分、戸惑い半分でそう言いかけると、近くにいたおばあちゃんが声をかけてくれる。

「まあまあ、そんなところにいないでもっと中に入りなさい」

促されるように中に入ると、奥のほうから森田眞希さん（以下眞希さん）がニコニコと登場した。NPO法人「地域の寄り合い所　また明日」の代表理事である。

「ああ、どうもどうも。いらっしゃい」

初対面とは思えないほどフランクである。近所の家に遊びに来たような、親戚の家を久しぶりに訪れたような、「はて、どこかで会っていたかしら？」と記憶を辿ってしまうような、そんな雰囲気だ。きっと誰が訪れてもこうして迎え入れるのだろうと容易に想像できる。何も飾らない女性だった。

時間は14時。昼食も終わり、多くの乳幼児は布団を並べて昼寝をしていた。先ほど入り口で出迎えてくれたのは、昼寝をせずに起きていた子どもたちだった。

外から見ると普通のアパートのように見えるが、建物の内部は様子が違う。1階部分、

5世帯全ての壁が取り払われリノベーションされている。そこは大広間のようなかなり広いスペースになっていた。アパートの名残で風呂やトイレなど水回りが各部屋にある。畳敷きの上に一部絨毯を敷き、ダイニングテーブルや座卓が置いてあり、ソファや一人がけのゆったりとした籐椅子もある。昭和の香りがする洋服ダンスや引き出し、本棚も、まるでもう何十年もそこにあるかのようだ。

デイサービスを利用する高齢者、保育所に通う3歳までの乳幼児が空間を分けることなくその場所でともに過ごしているようだ。高齢者のためのベッドも一つ、子どもたちが過ごす空間に置かれている。おばあちゃんが静かに横になって目を閉じていた。両端の部屋にはふすまもあり、ふすまを閉めれば個室になる。道路側の部屋は常に占められており、職員の休憩室として利用しているという。

リードでつながれていたりゲージに入っていたりと可動域は限られているが、犬や猫もいる。大きな水槽もあり、そこには小さな小さな熱帯魚が1匹だけ悠々と泳いでいた。元は押入れだったように見える棚に置かれた鳥かごでは、文鳥が鳴いている。

眞希さんに案内され、その空間を通り過ぎ、入り口から向かって左手奥にある小さなテーブルセットに腰を下ろした。空間全体を一望できる場所だ。

いろいろな意味で想像をはるかに超えていたその環境と、そこをゆったりと流れる空気はなんとも魅力的だ。奥の台所からは水仕事をしている音が心地よく聞こえ、おじいちゃんとおばあちゃんがゆったりとお茶を飲む。私という来客も数分経ってその場に馴染めば目新しいものではなくなり、やれやれとばかりに目を閉じる犬。手前の布団やバウンサーで気持ち良さそうに寝ている子どもたち。

我が子が通った保育所にも、祖父が入所していた高齢者施設にも、これまで視察したどんな保育所にもない空間だが、どこかで見たことがある光景だと自らの記憶をたどる。

そうだ、私が幼いころの年末年始の我が家の状況に似ているのである。祖父母と同居していた私の家族のほかに、父のふたりの妹のそれぞれの家族が毎年集まっていた。私の弟や両親、祖父母、年の近いいとこたち、叔父や叔母など合わせて15人ほどがワイワイと過ごしていた。おせちの準備に忙しい台所の音や大人たちの会話に包まれながら、いとこたちと過ごした時間が懐かしくよみがえってきた。

「また明日」ってどんなところ？

「地域の寄り合い所 また明日」は、保育士の森田眞希さんと、その夫で介護福祉士の森田和道さんが運営している。正式には、運営団体名「NPO法人 地域の寄り合い所 また明日」であり、その代表理事、総合施設長、寄り合い所コーディネーターを眞希さんが担当し、デイホームの管理者が森田和道さんである。常勤職員4名、非常勤職員18名の合計22名がそれぞれの生活に合わせてシフトを組んで勤務している。職員には、保育士6名、介護福祉士4名、社会福祉士、音楽療法士（保育士）、言語聴覚士（社会福祉士）各1名のほか、資格がないスタッフもいる。

主な事業は以下の5つである。

1 高齢者在宅福祉事業
小金井市指定認知症対応型通所介護「また明日デイホーム」 利用定員一日12名

2 子育て支援事業
認可小規模保育施設「また明日保育園」 定員12名

認可外保育施設「虹のおうち」定員8名

3　学童期以降の児童の健全育成を図る事業

4　地域の寄り合い所事業（独自の地域福祉事業）

地域の交流スペース「寄り合い所」1日15名程度（日によって異なる）

5　広報、情報発信に関するネットワーク事業

保育所と高齢者のデイサービスを同じ場所で行っていると聞いて、真っ先に思い浮かべるのは「富山型デイサービス」かもしれない。富山型デイサービスは、1993年に看護師の惣万佳代子さんら3人による民間のデイサービス「このゆびとーまれ」から始まった。富山県は3世代同居が多く、行政も整備の支援に積極的だった。高齢者、障害者、児童を、対象者を分けることなく受け入れ、「小規模・多機能・地域密着」をコンセプトとして「家庭的な雰囲気を大切にした在宅サービス」をいち早く提供してきた。

開設当初は対象者が限定されていないことから、行政の補助金を得ることができなかったが、その後、国や都道府県、市区町村などが行政を上げて地域共生社会の構築を目指すようになり、それまで縦割りだった福祉行政を模索しながら横につなぐ努力がなされてき

た。現在、富山型デイサービスは全国に2000カ所以上あると推計されている。

「地域の寄り合い所 また明日」は、イメージとしてはそれに近い施設でもあるが、それ以上に地域に開かれていると言えるだろう。設立の経緯も、富山型デイサービスに倣ってというよりは、独自の理念からスタートしてここまできたという表現がしっくりくる。

私はこれまでおよそ3年に渡り、「また明日」に通い取材を続けてきたが、いまだにその特色を端的に表現するのは難しい。本書ではそこで日々繰り広げられる「暮らし」の様子を細部まで伝えるとともに、「また明日」とはどんなところなのかを明確にしていきたい。

「また明日」には、保育所やデイサービスの利用者である乳幼児やお年寄りだけでなく、近所の人たちも「こんにちは」とふらりと立ち寄る。放課後には、小学生や中学生も「ただいま〜」と言ってワイワイと遊びに来る。人の出入りは通常の保育所や高齢者施設とは比べられないほど多いはずなのに、ゆったりと落ち着いた空気が流れている。

「また明日」の様子を伝えるこんなエピソードがある。

ある日の夕方、時々「また明日」に遊びに来る小学生の女の子のお母さんが、「ここはどんなところなのか、ちょっと見てみたくってうかがいました」と顔を出した。

そのお母さんによると、女の子はいつも、「『また明日』に行ってくるね！」と、とても楽しそうに出かけるので、こんな質問をしたのだと言う。

「『また明日』ってどんなところ？」

すると、女の子はこう答えた。

「あのね、犬もいて、猫もいて、赤ちゃんもいて、今にも死にそうなおばあさんもいるんだよ！」

それを聞いてますます分からなくなったお母さんは、実際にやって来たそうだ。

娘とのやり取りを説明しながら、「なんだか、すみません」と申し訳なさそうに苦笑いするお母さんに、「いえいえ、まさにその通り！」「ちゃんとおばあちゃんのことが入っていてうれしいねえ」と森田夫妻とスタッフは、大笑いした。

「地域の寄り合い所　また明日」の種

「地域の寄り合い所　また明日」ができるまでには、どのような背景があったのだろうか。

その種は今から30年近く前に見つかった。

代表理事である眞希さんは、当時、総合病院の保育士として勤務していた。長期入院の子どもたちや、社会的入院をしてくる子どもたちの保育を担当していた。夫の和道さんは、その病院と同じ法人が運営する特別養護老人ホームで介護福祉士として勤めていた。

眞希さんは入院中の子どもを連れて院内を散歩することがよくあった。ダウン症の3歳の女の子と散歩をしていると、病院の職員や入院中の患者から小声でこんな声が聞こえた。

「この子また入院したのね」

「かわいそうにね」

「障害がなければねえ」

いつも散歩は病院の建物内だけだったが、その子はとても人懐っこくお年寄りが大好きだった。ある日、眞希さんは、その子と手をつないで同じ敷地内にある和道さんが働いている特別養護老人ホームまで足を伸ばした。

渡り廊下を渡って老人ホームに着くと、その子は、あちこちのおじいちゃんやおばあちゃんに屈託無く声をかけた。そこには要介護度が高く、認知症の重い症状がある人が多く入所していたが、お年寄りの目が輝き、表情が変わった。

「よく来たねえ」

お年寄りもその子に嬉しそうに言葉を返し、手を差し出す。

女の子は、ベッドに寝ている寝たきりのおばあちゃんを見つけると、近寄っていった。

「ばあば」

そう言ってベッドの中に潜り込むと、認知症のおばあちゃんは嬉しそうにぎゅっとその子を抱きしめた。その光景を、眞希さんと和道さんは同時に見ていた。眞希さんはその時のことを鮮明に覚えている。

「それまで、障害を持っているからかわいそうだと言われていたその子が、そこでは障害もダウン症も関係がなくなったんです。彼女がベッドに入った途端、寝たきりのお年寄りはその子のことをただ愛おしいと感じて、愛情を与える側に一瞬にして回ることができた。そして、その子はそのきっかけを与えることができた。それぞれが主体となって、相手を思って自然に寄り添っていました。『障害を持っている』とか、『寝たきりの高齢者』とか、決めつけているのは私たちなんだなと気がつきました」

和道さんも、その光景に感銘を受けていた。

「そこはかなり大きな施設で、100人ほどのお年寄りがいました。1つのフロアに何十人も集められ、決まった席に座り、歌を歌ったり、レクリエーションを行っていました。なんというか、お年寄りはやらされている、職員はそれを管理するという関係にどうしてもなってしまい、そのことに私は疑問を感じていました。職員がお年寄りに介護という手段をせっせと与える。お年寄りは、『ありがとうございます』『すみません』と常に与えられ続けている。誰かから与えられるだけの人生って辛くないだろうか。それでいいんだろうか。そんな疑問を持っていました。もちろん職員の数とお年寄りの人数を考えると仕方がない部分もあるのですが、何かもっと違う過ごし方がないかとずっと考えていたんです」

二人は、家に帰ってから、思いを共有した。

「本来の福祉って、こういうことだったんじゃないか」

「やっぱり、こういう場が大事だよね。いつかこんなことができる場所を作りたいね」

「障害を持つ子も、お年寄りも、みんなが同じ時間を共有できるところを作りたいね」

デイサービス「鳩の翼」からのスタート

その出来事は、その後の二人の活動の種となった。どうすればそのような場を実現できるのか、はじめのうちはあまり具体的にはイメージができなかったが、その後しばらくして、富山型デイサービスの前身「このゆびとーまれ」についての新聞記事を読んだ。

「やっているところがあるんだね」

「できるね」

二人が抱いていた方向性は間違っていない。そう確信し、決意を新たにした。

それから7年後、1998年12月にはNPO法（特定非営利活動促進法）が施行され、2000年には介護保険制度が始まった。時は満ちた。

施設を立ち上げるため、二人は独立して動き出す。心に描いていたのは、あの時のダウン症の女の子とおばあちゃんが抱き合う姿だ。

小金井市内に場所を見つけることができ、2001年4月、仲間たちとともに「また明日」の前身となる「子どもとお年寄りの家 鳩の翼」を設立した。そこは、小さな古い一軒家で、保育スペースの基準が確保できなかったため、まずは高齢者のデイサービスだけでスタート。しかし、そこを高齢者だけの場所にはしたくない。

当時、地域の力が減退していると言われはじめていた。都市部では相変わらず核家族が多く、子育てひろばや児童館も浸透していなかった。祖父母も親族も近くにいない。父親は仕事で帰ってこない。男性がベビーカーを押したり抱っこ紐で赤ちゃんを抱えて街を歩いたりする姿はまだ見られなかった頃だ。母親の子育てはますます孤立し、母子の無理心中が頻発していた時期でもあった。

「地域に開放して、近所のお母さんや乳幼児に遊びに来てもらうのはどうだろう。行き場のないお母さんたちに子どもを連れて来てもらえれば、お年寄りと子どもたちが一緒に過ごすこともできるし、お母さんたちの息抜きにもなる。地域のつながりもできる」

今の寄り合い所の原型がすでにできていた。

「鳩の翼」を運営するうち、そこに遊びに来る母子も口コミで増えていった。お年寄りと一緒に過ごすにはスペースとして手狭になり、さらに「保育をしてほしい」という声も上がるようになったが、そこでの保育はやはり難しい。

二人は当初からの目的だった、保育スペースが確保できる次の場所を再び探し始めた。

「アパートの壁、ぶち抜かせてください」

「地域の寄り合い所　また明日」が現在の場所でスタートしたのは2006年12月のことだ。5年間を経て利用者も安定していた「鳩の翼」を仲間に任せて独立し、今の場所に新たに立ち上げた。

小金井市貫井南町は、貫井神社を中心とした氏子の社会だと和道さんは言う。

「代々住んでいる方が地域の中心で、地域のつながりも今の時代にしてはとても濃いと思います。でも、新しく外から引っ越して来た若い世代の人たちも温かく迎え入れてくださいますし、とても居心地の良い環境です。福祉施設にとって一番大変なのは、その地域社会に受け入れられるかどうか。ここに見つかったのはご縁です。本当にありがたい」

和道さんは物件を探す際、アパートがいいのではないかと考えていた。「鳩の翼」でデイサービスの送迎をしながら、空いている部屋がたくさんあるアパートを見つけると、雨戸が閉まっている部屋を確認した。しかし、多くの物件は並んだ部屋がいくつも空いていることはない。なかなかいい物件は見つからなかった。

ある時、送迎で現在の「また明日」となるアパートの横を通り過ぎた時、たまたま1階部分の全部屋が空き部屋になっているのを見た。「ここだ！」と思った。

仕事で関わりのあった市役所の職員を通じて大家さんに連絡を取ると、アパートの前の公園も大家さんの土地で、小金井市に貸しているということだった。和道さんは、「アパートの1階のすべての部屋を借りるので、壁をぶち抜かせてください」と頼み込んだ。「とんでもない」と断られるのではないか、驚かれるのではないかと構えながら……。

「大家さんは笑って、面白いね、どうぞやってくださいと言ってくださいました。私たちの理念に共感してくださった。実はその裏では、私が最初の勤務先でお世話になった上司や、小金井で5年、『鳩の翼』を運営している間に知り合った方たち、行政の人たちなどが、私たちの知らないところで私たちの人となりや理念を大家さんに伝えてくれていたのです。私たちはこの土地では全くのよそ者です。大家さんも離れたところにお住まいでしたが、この地域に長年通い、地域の人たちと酒を酌み交わして交流を深めていらっしゃいました。大家さんが私たちを連れて地元の方に順番に挨拶に行ってくださったことも大きかった」

認知症のデイサービスや保育などの施設の設立は難しい時代である。高齢者施設は危ない、保育所はうるさいと反対運動が起きることもある。待機児童解消のために保育所を増やそうと土地を確保しても、建設できないケースもある。ましてや地域の交流の場を作るには、設立前から地域との信頼関係を確立し、理念を理解してもらうことが欠かせない。

「また明日」をスタートする9か月前、森田夫妻は隣の市から同じアパートの2階に引っ越し、この地域の住民となった。自治会に入り、地元の餅つきなどのイベントにも参加した。大家さんとともに挨拶に回ると、すべての人たちが大家さんと森田夫妻にこのような言葉をかけてくれた。

「あんたが紹介する人だから、まちがいないよね。頑張んなよ」

物件との出会い、大家さんとの出会い、そしてこの地域とのマッチングがすべて今につながっている。

「また明日」という名前は、「鳩の翼」での経験から思いついたものだ。

認知症の重い一人の利用者が、いつも帰り際に大きな声で「また明日！」と行って帰っていた。森田夫妻は、この言葉がとても好きだった。

「認知症が重く、さっき起きたことを忘れる方にだって、明日はある」

「いろいろな困難、ストレスを抱えた人が、ここでさまざまな人たちと関わりを持つ中で、ふと前を向いて、また明日も頑張ろうと思っていただけるようになればいいな」

名前はすぐに決まった。現在、ホームページの施設理念には次のように記されている。

「では、また明日」と挨拶を交わす

何気なく交わす「それでは、また明日」という言葉には、「明日もがんばりましょう」といったエールの交換、明日という未来への希望、今日という日を互いに無事に過ごせたことへの喜び、感謝。そんな想いが込められています。やがてはその想いが広がり、「あの子、あの人、あのお年よりは今どうしているだろうか？　元気だろうか？」と、誰かを思いやる心の余裕が生まれるように『ＮＰＯ法人　地域の寄り合い所　また明日』がそのきっかけのひとつとなりえたなら幸いです。

支えあう絆

育児や介護、その他様々な悩み事は、決して一人では解決できません。多くの人々に助言を受け、支えられ、そして今度は自分が悩んでいる人を支えていく・・・そんな良い波紋が徐々に外側に拡がっていくお手伝いをしていきます。

心のより所

「あそこに行けばあの人と会える」「あそこに聞けば何とかなるかもしれない」などなど、私たちが誰かの心のより所となることができるよう、地域に根ざし、地域を愛し、地域を支え、支えられながら、いつまでも存在し続けたいと思っています。

行政の縦割りの壁を乗り越える

今でこそ、厚生労働省などが地域共生型サービスとして保育施設と介護施設の併設を推進するようになったが、当時は、施設の場所の設定の難しさ以上に、幼老複合施設の基準をクリアすることが容易ではなかった。行政は縦割りで行われているため、介護保険法からも児童福祉法からも違反になるとみなされていた。

設立について和道さんが東京都に問い合わせた際、こんな返事が返って来た。

「保育所とデイホームを同じスペースで、というのはできません。それぞれに必要な面積を確保し、そこは対象者以外は使わせないようにしてください。ただ、子どもと一緒に過ごすことで雰囲気が良くなるということは分かりますので、デイホームとつながった空間の先に子どもがいてもいいでしょう。見えない線を引いて、越えなければいいですよ。食事も、見えない線の真ん中にテーブルを置いて、線からこっちはお年寄り、そっちは子どもとすれば、一緒にテーブルを囲めますよね」

すでに富山型が広く認知されていたこともあり、東京都の担当者としてはかなり協力的な提案だったが、それでも理想の姿には程遠いものだ。

しかし、最終的には、認知症専門の事業の許認可権が市区町村におりた。そこで、小金井市に連絡すると、「いいですね、ぜひやってください」と、すぐに後押しするような返事があった。平面図の上では介護保険事業と保育事業を厳密に分け、それぞれの基準をクリアできる広さや設備を整え、出入りは自由とすることも含めて小金井市から許可が下りたのである。相互にプラス面が大きいと小金井市も認識しての判断だろう。

当時、小金井市の介護福祉課長だった小俣敏行さんは、「鳩の翼」のころから森田夫妻のことを知っていた。和道さんは介護保険事業所連絡会の会長をしており、その連絡会を中心に何度も顔を合わせていた。小俣さんは、和道さんに大きな信頼を置いていた。

「森田さんは『鳩の翼』のころからとても熱心で活動的でした。連絡会での発言などを聞いていると、自らを捨てて地域福祉をやろうという意気込みが伝わってくるんです。行政の担当者たちは、彼らに影響を受けて、その頃から増え始めていたNPO法人などの団体がどうすれば十分に活躍できるかを根本から考えさせられました。小金井市は予算が限られており、行政主導で新しいことにチャレンジすることは難しいところがありましたから、市民団体のサポートをさせていただく立場で、お互いに知恵を絞って協働できることをやろうという空気ができていきました」

小金井市では、事業所の有志が集まる連絡会や、歯科医師会、医師会、薬剤師などが連携して地域ケアや地域福祉をどうしていけばいいかを考える会合があちこちで動き出していた。行政だから、民間だからと言っていては、絶対に地域包括ケアは成り立たないという気づきが少しずつ広がっていたのである。

「それぞれの得意分野を単独で抱え込んでやっていてはダメだとみんな気がつき始めていました。利用者のことを一番に考えて、どうすればそれぞれの活動や連携が実現できるのかを考えました。できない理由を探すよりも、できる方法を探す方がいいじゃないですか。小金井市には、市民にキーパーソンとなる人が何人もいらっしゃいました。そのお手伝いをするのが自治体職員の仕事だと思うんです」

小俣さんに話をうかがったのは2017年のことだ。その時すでに定年退職して山梨に暮らしていたが、森田夫妻の話をうかがいたいと連絡を取ると、新宿まで中央線に乗って出て来てくれた。

「森田夫妻は、私にとって先生です。福祉とは何かを教えてくれた。行政は数十歩、数百歩遅れを取っています。和道さんは真面目でストイックですが、勉強会などでは専門用語もわかりやすく噛み砕いて話してくださる。眞希さんはチャーミングで、人の懐にすっと入っていくような方ですね。自分たちを投げ打ってでも人を助けにいく人たちだから、あまり無理をしないで健康でいてほしい。それが僕の願いです。『また明日』にも遊びに行きたいな」

その小俣さんの言葉を眞希さんに伝えると、こんな言葉が返ってきた。

「先生なんてとんでもない（笑）。行政は縦割りですから、斜めや横につなげようとすると、大変な面が多いですよね。でも、私たち夫婦が頼りないから、いつも周りの方たちが『しょうがないなあ。ひと肌脱ぐか』と関わってくださるんです。地域の絆を再生したいなんて大きいことを言っていましたが、実は、支えていただいているのは私たちなんだなあと実感しています」

物件が決まり、地域の人たちとの交流も深めながら、無事に行政の許可もとることができた。あとはリフォームである。5部屋分のアパートの壁を取り払い、1階を全てつないで広いスペースを確保するために改装工事が始まった。

改装当時でも築50年を超えていたアパートは、昭和の懐かしい面影を残したまま快適に過ごせるように最低限のリフォームを施した。畳やふすまは新しいものに取り替えられたが、柱や壁、その間取りは民家のようだ。

そこに置く家具にもこだわった。ダイニングテーブルのセット、ソファ、タンスや戸棚、座卓に至るまで、お年寄りが過ごしてきた時代の馴染み深い家具を知り合いを通じて譲り受け、取り揃えた。無機質な介護施設ではなく、家庭的な空間でゆったりと過ごしてほしいという思いが込められている。

こうして、地域の寄り合い所「また明日」がスタートし、13年が過ぎた。毎年固定の利用者は入れ替わり、毎日のように多くの人が出入りする「また明日」。第2章では、そこで起こるドラマを紹介していこう。

第2章

分けないことで分かること

〜多様な人が多様なままで〜

たった一つのルール

「地域の寄り合い所 また明日」にはルールがない。

保育所にも、デイサービスにも、「しなければならない」プログラムもなければ、1日のスケジュールも決まっていない。一斉に何かをする必要もないし、やりたくないことをさせられることもない。もちろん、ご飯を食べたりおやつを食べたりはするが、厳密な時間は決まっておらず、その人によって緩やかに異なる。時間通りに進行するために先回りをして早めに行動する必要はない。

保育所に通う子どもたちも、デイサービスを利用するお年寄りも、「主体的な存在であること」を何よりも尊重される。

年間のスケジュールを見ても、入園式も卒園式もなければ、遠足や運動会もない。その日の天気や気分、みんなの体調を見ながら、お散歩に行ったり、目の前の公園「貫井けやき広場」で遊んだり、暑い時には水遊びをしたりする。放課後に遊びに来た小学生が縦笛の練習を始めると、みんな思い思いの楽器やおもちゃを持って演奏会が始まることもあるが、いつそうなるかはわからない。したくない人は無理にする必要もない。

唯一のイベントは節分の豆まきだけ。「これだけは毎年欠かせない」と和道さんが断言するが、節分については、グラビアページを参照してほしい。

そんな「また明日」で、眞希さん、和道さん、スタッフが必ずすることがある。それが「あいさつ」だ。「また明日」に来る人たちにはもちろんのこと、職員同士も、ご近所さんにも、お散歩の途中に出会った人にも、みんなに「あいさつ」をする。

「おはようございまーす」

「こんにちは！」

「おかえり〜」

「また明日！」

言い方に特に決まりはない。それぞれがその時々に、相手の人に気持ちを込めて「あいさつ」する。通常、保育園、幼稚園、学校などでも、「あいさつ」は大切なことだと教えられるが、どうも一般的に教えられる「あいさつ」とは少し質が異なるように感じられる。子どもたちにもお年寄りにも、「あいさつ」を強要することはない。

スタッフがいつも気持ちを込めてあいさつをしていれば、誰もが自然に返してくれるようになる。散歩の途中、通りすがりの人に「おはようございます」とスタッフが言えば、子どもたちも真似をして口々に大きな声で「おはようございます！」と言う。もちろん、ご機嫌斜めの子は、言わないことだってある。

取材と称して眞希さんに付いて回っていると、そのあいさつは「また明日」の近隣に限らずどこでも行われていることが分かる。大学の講義に呼ばれたときも、初めて行く大学のキャンパス内ですれ違う人みんなに声を掛けていた。眞希さんを全く知らない人は「誰だっけ？」と少し戸惑いながらも、少し微笑んで「あ、どうも」と返す。店で取材をするときも、店員さんが料理を運んでくるたび、眞希さんは「ありがとう」を欠かさない。

当然のことだが、あいさつをされて嫌な気持ちになる人はいない。近隣の顔馴染みの人は、眞希さんを見かけると道の向こう側から大きな声で呼んでいるし、車ですれ違う人も手を振っている。近所を歩けばその大半が知り合いだ。

「あいさつってね、お金かからないじゃない。それなのに、した人もされた人も、とってもいい気持ちになる。ほんと、簡単なことだから」と眞希さんは屈託がない。

唯一のルールといってもいいこの「あいさつ」は、「また明日」や森田夫妻の、人への姿勢や世界の受け止め方を象徴しているように見える。

現在、多くの保育所や高齢者施設は、高い塀に囲まれ、頑丈な門で閉ざされている。モニター付きのインターホンを押し、関係者だと確認できなければ敷地に入ることも許されない。子育て中の親も、留守番をする子どもに電話やインターホンに出ることを許している家は少ない。知らない人との関わりは危険だという認識は今や常識となっている。

保育所や高齢者施設、もしくは障がいのある人の施設や作業所も、積極的、日常的に地域の人たちと深く関わることは少ない。通常の保育所では園庭開放なども行われているが、それは非常に限定的だ。日時は明確に決められており、乳幼児を子育て中の親子に限られる。高齢者施設を子どもたちが訪れるのも、中学生の職業体験や夏休みのボランティアなど、その機会や関わり方はかなり限定されている。

そのような社会では、夕方に子どもが一人で歩いていても、早朝にお年寄りが一人で歩いていても、多くの人は声をかけることなく通り過ぎることが多い。知らない人に関わると危険だ、余計なことに巻き込まれる、という判断からだろうか。安全のためには仕方のないことなのだろうか。今一度、考え直す必要はないだろうか。

地域の寄り合い所「また明日」には、道路と敷地の境に確固たる壁や門はない。誰でも自由に出入りできる。散歩の途中のお年寄りがふらりと立ち寄って、お茶を飲みながらおしゃべりを楽しむこともできるし、目の前の公園で遊んでいる小学生がトイレを借りに来ることもある。誰が突然来ても、「こんにちは」「お帰りなさい」と迎え入れてくれる。

見学に来る人のほとんどが、「こんなにオープンにしていて、何か問題がおこったことはないのか」と眞希さんに尋ねるそうだ。

「これまでに困ったことはないんです。知らない人がうちの近くにいたら、『こんにちは。どうしました？』と声をかけます。その人が『また明日』に用事があるか、何か困っていれば応えてくれますし、そうじゃなければ返事もせずに行ってしまう。閉じれば閉じるほど、なんとかして入ってこようとする人がいるんじゃないかな。うちは、どこから入ればいいかわからないくらい開いていますし、こちらから声もかける。悪いことをしようと企んでいる人はかえって入りづらいのかもしれませんね」

今日もまた、朝が来た

「また明日」が動き出すのは朝7時ごろ。2階で暮らす森田夫妻は、朝食をとり、身支度を整え、犬たちを連れて1階に降りてくる。

犬は全部で5頭。ラブラドール・レトリバーのちょびん、フレンチブルドッグのおこげ、雑種のクララ、チワワのポチとアン。「また明日」の大切な仲間たちだ。

誰もいない「また明日」はがらんと広く、静かで、少し寂しい。閑静な住宅街にあり、人通りも少ないため、車の音も人の声もほとんど聞こえない。公園にある大きな木に遊びにくる鳥が朝を知らせている。南向きの窓の外には公園との境に植えられた緑の垣根があり、葉の間から朝日が穏やかに差し込んでくる。

しばらくすると早番のスタッフが「おはようございまーす！」とやってきた。基本的な保育時間は8時からだが、保護者の勤務状況によって早朝保育は7時30分から。半分眠りながらやってくる子もいれば、朝から元気いっぱいに駆け込んでくる子もいる。

認可の小規模保育は2歳児までなので、3歳児になるとほかの保育園に転園することが多いが、弟や妹を送りがてら、毎朝ここに立ち寄ることを楽しみにしているきょうだいもいる。みんな必ず一緒に部屋の中まで上がり込み、保護者が職員と話をしている間、犬たちの様子を見たり、懐かしいおもちゃで遊んだりもする。

一般的な保育園では、保育室に保護者やきょうだいが立ち入ることはほとんどない。入り口やベランダでやり取りを済ませ、子どもだけが中に入るが、ここではそうした決まりもない。お父さんもお母さんも自由に中まで入って、ほかの子どもたちに話しかける。

利用者の数によって変動はあるが、スタッフの数は、正規職員とパートの職員を合わせて20名前後。そのうち、1日におよそ8名から10名程度が出勤している。

ある程度スタッフが集まると朝のミーティングが始まる。みんなで共有すべきことを伝え、何か気をつけることがあれば伝達する。保育士や介護福祉士はそれぞれ基準に必要な人数を揃えており、それにプラスする形で資格を持っていない職員も複数入る。日によって保育担当、デイホーム担当と大まかに決めてはいるものの、基本的には全員が全体を見て、一人一人がその場の状況に応じて柔軟に対応する仕組みだ。正職員、パート職員のほかに、ボランティア、大学や自治体からの研修なども受け入れることがあるため、手が足りないということはない。ボランティアや研修の人数を除いても、通常の施設よりはるかに手厚い。

ミーティングが終わると、早く来た子どもたちや手の空いている職員は、眞希さんの自己流ヨガを真似てストレッチをするのも日課だ。「今日も一日、元気に過ごせますように」と祈りを込めて、それぞれにからだをほぐす。

保育の子どもたちが登園すると、デイサービスのお迎えが始まる。デイホームの利用者が「また明日」に到着するのはだいたい9時30分から10時ごろ。少し遅めにくる人もい

「また明日」平面図

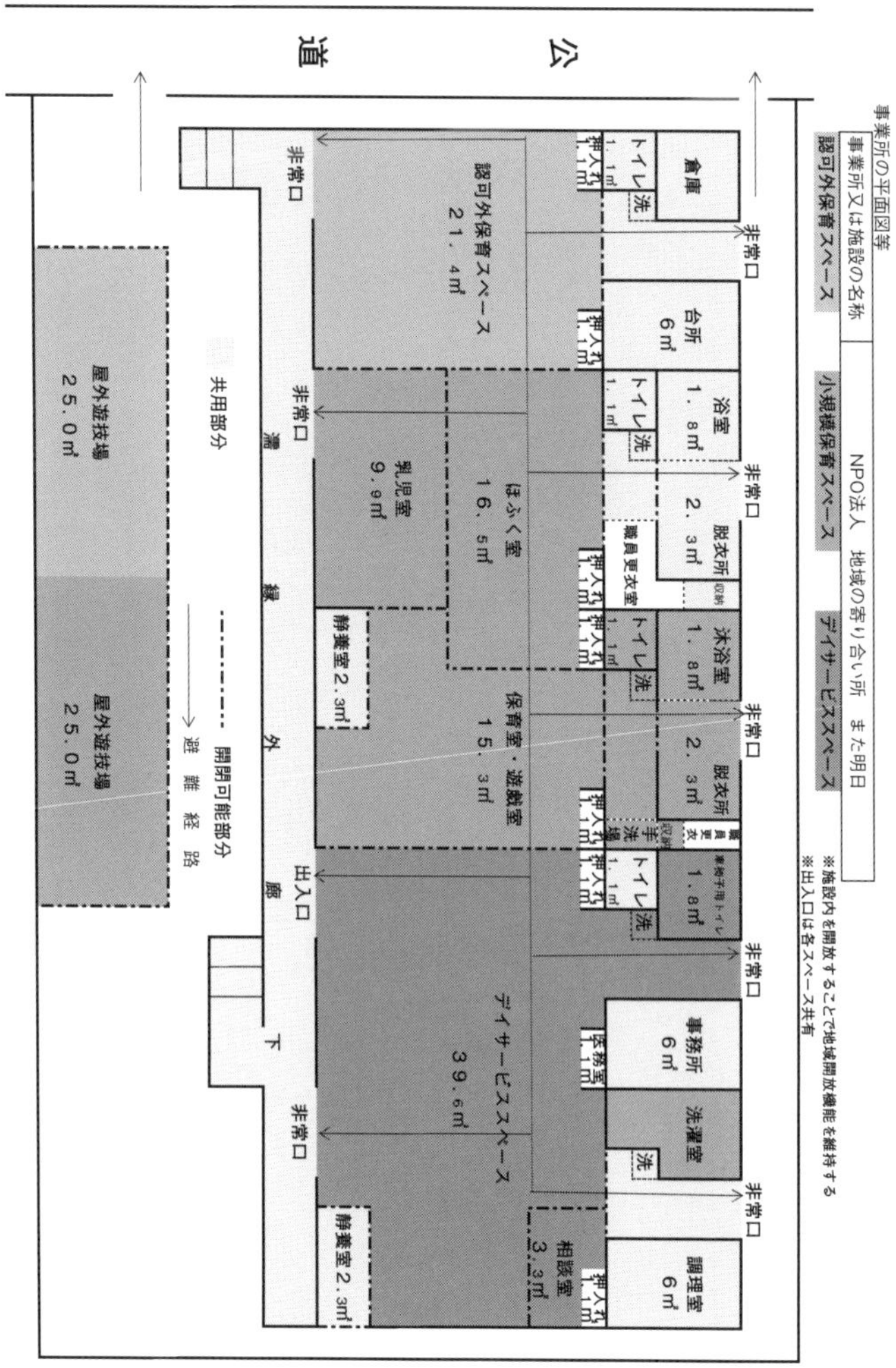
事業所の平面図等
事業所又は施設の名称
NPO法人　地域の寄り合い所　また明日
認可外保育スペース
小規模保育スペース
デイサービススペース
※施設内を開放することで地域開放機能を維持する
※出入口は各スペース共有
公道
倉庫
台所 6㎡
浴室 1.8㎡
脱衣所 2.3㎡
職員更衣室
沐浴室 1.8㎡
脱衣所 2.3㎡
事務所 6㎡
洗濯室
調理室 6㎡
相談室 3.3㎡
認可外保育スペース 21.4㎡
ほふく室 16.5㎡
乳児室 9.9㎡
静養室2.3㎡
保育室・遊戯室 15.3㎡
デイサービススペース 39.6㎡
静養室2.3㎡
非常口
出入口
濡縁外廊下
共用部分
開閉可能部分
避難経路
屋外遊技場 25.0㎡
屋外遊技場 25.0㎡

る。利用者の希望の時間に合わせ、和道さんを中心にスタッフが車で迎えに行く。お年寄りの送迎はできるだけ同じスタッフが担当する。例えば、犬好きのお年寄りのお迎え時には、犬を一緒に連れて行くこともある。すると、それまで行かないと言い張っていても、進んで支度をするお年寄りもいるという。

和道さんが運転する送迎車が到着する音が聞こえると、自由に遊んでいた子どもたちが窓の外をのぞく。「誰かなあ」と待っている。犬たちも入り口付近までお迎えに出る。

車のドアがスライドして開き、お年寄りの登場だ。「あ、○○さんが来たよ」と子どもたちの声。スタッフに手を引かれて車を降りると、慎重に外の階段を数段上ってゆっくりと靴を脱いで部屋に入る。元気なお年寄りは、スタスタと歩いてやってくる。

「おはようございまーす」とスタッフが迎えると、数人の子どもたちも入り口に集まってくる。おばあちゃんがゆっくりと入ってくるのをじっと見守り、あいさつを交わす。リュックにたくさん大切な本を詰め、ぎっしりと重い荷物を背負ってやってくるおじいちゃんもいる。

子どもたちと犬たちの喜びに満ちた出迎えに、「あらまあ、おはようございます」と笑顔で答えるおばあちゃん。子どもたちも「おはようございまーす!」。犬たちもいつものように尻尾を振って歓迎する。かと思えば、床にごろりと転がったまま、まだ眠い目をこすっている子もいた。

スタッフがお年寄りの手を引いて、ゆっくりした動作で部屋の中を移動する間、子どもたちはその邪魔をしないように自然に道を開ける。お年寄りがお気に入りの椅子に座ると、子どもたちもまた遊びに戻る。何度か行き来する車が到着するたび繰り返される光景だ。

デイサービスの利用者は、部屋に入るとまず、血圧や体温を測り、健康チェックを行う。お茶を飲む人、新聞を読む人、子どもと遊ぶ人、犬を撫でる人、スタッフとおしゃべりを楽しむ人――。「また明日」では、子どももお年寄りも、基本的にはそれぞれが思い思いに過ごすことができる。こうして、いつものように「また明日」の一日が始まる。

四季を感じる野川の散歩

全員がだいたい揃うと、子どもたちはそわそわとしはじめる。

「のがわにいきたい!」

爽やかな季節、晴れていればお散歩だ。お散歩の後、目の前の公園で遊ぶ日もあれば、天候が不安定な時は公園だけの日もある。夏は「また明日」の前で水遊びも楽しいが、みんな野川の散歩が大好きだ。

野川は多摩川の支流で、国分寺市の東恋ヶ窪あたりに源がある小さな川である。水量は少なく、水も澄んでいる。小さな河原に降りることもできる。川に沿って大きな桜の並木路があり、春は桜吹雪の中を、秋の終わりには落ち葉でフカフカになった河原を、子どもたちはゴムまりのように跳ねながら散歩する。

「○○さん、ご一緒にどうですか。子どもたちとのお散歩、お願いできますか」とスタッフがお年寄りに声をかける。また明日ではどんな時も強制はしない。「やらなければならないこと」はない。子どもたちも、出かけたくないときは行かなくたっていい。でも、子どもたちはお散歩が大好き。行きたくないと言うときは、よっぽど体調が悪いか、何か嫌なことがあるときだろう。

「今日は散歩は行かない」と言っていたお年寄りも、「○○さんもいこうよ!」と子どもたちに誘われると、「仕方がないなあ」と言ってよっこらしょと腰を上げる。体調のいいお年寄りは、こうして一緒に出かけることになる。ボランティアの人も見学の人も巻き込んで、お散歩はたいてい大人数になる。

「どんぐり！　どんぐり！」

ペットボトルで作ったバッグを一人ひとりがぶら下げて、さあ出発。

「ここにね、どんぐりをいれるんだよ」

「はっぱもね！」

その日、散歩に初めて参加する私のために、子どもたちが口々に教えてくれる。

「今日は私がこのベビーカーを押すよ」

お年寄りも、子どもたちが安全に楽しく散歩ができるようにスタッフのように心を配る。靴がうまく履けず、ぐずっている子にお年寄りが帽子を斜めにかぶっておどけて見せると笑いがおこる。重い腰を上げて参加したお年寄りも、ウキウキしている子どもたちに囲まれているといつのまにか笑顔になっている。

スタッフがあれこれと口を出さなくてもそれぞれがお互いに散歩を楽しむ気分を高め合っているように見える。

「また明日」のあたりは道が細い。そこを時折地元の車が通る。スタッフやお年寄りは子どもたちと手を繋ぎ、なるべく細長い列になって野川を目指す。「また明日」を出て右に曲がると、突き当たりに花屋がある。花屋の前の道は車がよく通るので、周りをよく見て気をつけて渡る。突き当たりを左に曲がってすぐ次の角を右に曲がるとあとはまっすぐ行けば野川だ。野川の橋を渡ると貫井神社がある。

子どもの足でも10分もかからない道のりだが、野川や神社をまっすぐ目指すことだけが目的じゃない。ぐるりと遠回りをすることもある。「また明日」を出た時からがお散歩だ。

あるとき、全体会議でスタッフがこう言った。

「いっぱい寄り道したいんです！　寄り道をうんとうんとして、散歩をしたいんです」

スタッフも森田夫妻も大きく頷く。

「そうだよね。目的地に着かなくたっていいんだよね」

「まあ、みんな野川や神社が好きだから、着かないことはないけどね」

そういってまた大笑いした。

道すがら、子どもたちの楽しみはいろいろだ。気になることがあって道草するのは面白い。垣根のはっぱを手で撫でながら歩いたり、家の庭に飾ってある動物の置物をじっと見つめたり、お散歩中の犬をみんなで囲んでナデナデしたり。車が来たら、通り過ぎるまで壁にピッタンコ。道を歩いているアリを誰かが見つけて観察すれば、スタッフも、どれどれとのぞき込む。もちろん、周りの安全はほかのスタッフがしっかりと確認している。す

れ違う人たちは、子どもたちに手を振って「いってらっしゃい」と声をかけてくれる。散歩に来る子どもたちをいつも楽しみに家の前で待ってくれている人もいる。

野川の橋にたどり着くと、体操をしているいつものおじさんが、「きょうはちょっと遅かったね」と声をかけてくれた。「おはようございまーす」とおじさんにあいさつをする。逆に、そのおじさんがいないと、子どもたちは心配になり、あたりをキョロキョロと探す。

「あれ？　いつものおじさんいないねえ」

こうして、悪天候の日を除き、「また明日」の子どもたちは毎日のように野川を訪れる。春になると草が芽を出し、勢いよくニョキニョキ伸びることも、蕾が膨らんで花が咲くことも、夏の木漏れ日がキラキラと眩しいことも、雨の次の日には川の水が多くなることも、昨日ちぎった葉っぱが次の日もそのままちぎれていることも、秋になると葉っぱが色づいてハラリと落ちて、いつの間にか木が丸裸になることも、冬の寒い日は川の水が流れていないところが薄い氷になることも、みんな自分で体感していく。

自分から手を伸ばす

眞希さんは散歩の時間には施設内でお年寄りや残った子どもと過ごすことがほとんどだが、散歩の大切さを次のように捉えている。

「幼稚園や保育園で、絵を描いたり歌を歌ったりするでしょう。でも、そもそも何かを表現するためには、何が必要なのかなって考えるんです。うんとたくさんのことを見て、立ち止まって、観察して、感激して、共感して、それが蓄積して、あふれ出して、何かで表現したくなって、そうして初めて、絵を描きたいとか、歌いたいとか、詩を作りたいとか思うようになるんじゃないかと思うんです。だから、そういう時間を子どもたちといっぱい味わいたいんです」

草遊びが上手な西森さんというおじいちゃんが「また明日」に来るようになった時、西森さんは初めての散歩で突然葉っぱを手に取り口元に持っていった。

「ピーッ！」

あまりにも大きな音だったので、初めて草笛を聞いた子どもたちは、驚いて西森さんからパッと離れた。西森さんは「ピーッ！　ピーッ！」と繰り返す。

子どもたちはしばらく黙って神妙な顔をしていたが、恐る恐る葉っぱをちぎって西森さんの真似をする。西森さんはあっという間に子どもたちの人気者になった。

子どもたちと西森さんの様子をベンチに座って見ているお年寄りもいる。子どもたちの中にも、みんなの輪から離れ、ベンチのお年寄りの隣にちょこんと座っている子もいる。スタッフはそれぞれの過ごし方を尊重してサポートする。あれをしよう、これをしようと誘導し、お膳立てをしなくても、子どもたちは次々と面白いことを見つけ出す。子どもたちが見つけたことを、スタッフは一歩離れて見守り、時に一緒に楽しみ、ついていく。

野川の河原を行ったり来たり。神社の境内の隅っこでどんぐり拾い。そんなことをしているうちに、帰る頃にはペットボトルのバックには宝物がいっぱいになる。どんぐりばかりをとにかくたくさん集める子もいれば、厳選した形のいい木の実を3粒ほど入れている子もいる。枝や葉っぱなんでもこいでぎゅうぎゅう詰めの子もいれば、お菓子の包み紙を綺麗に伸ばして大事そうに手に持っている子もいた。

子どもたちは、野川でも公園でも自分からいろいろなものに手を伸ばす。河原に生えている草を意味もなくちぎる子もいる。夏の初めにはセミの抜け殻を見つけて、壊さないようにそっと手に取る。認知症のお年寄りも、心が動けば、子どもや葉っぱに手が伸びる。

川の水に触ろうとそっと手を伸ばすうちに、ドボンと落ちてしまう子もいる。が、浅瀬なのでご心配なく。スタッフが笑いながら手を差し伸べる。スタッフが足を滑らせて靴を濡らせば、それを見てまたみんなで笑う。

一人が体を横にして土手を転がり下りると、真似をしてみんなでゴロゴロ転がり下りる。うまく転がれずただ寝ているだけの子もいる。まだ歩けない子どもたちもベビーカーで移動して、到着後、草の上に直接おすわりをして、ハイハイを楽しむ。木に登る。登れない子もいる。降りられなくて泣く子もいる。土手を駆け上り、駆け下りる。勢い余って時々転ぶ――。

「また明日」の散歩には笑いが絶えない。何をしても面白い。失敗したってみんなで笑えば楽しい出来事の一つになる。

何かに手を伸ばすとき、一番に触りたい子も、二番目に触りたい子も、大半が触ってからじゃないと触れない子も、みんなが触っても触りたくない子もいる。でもいつか、自分から手を出す時が来る。手を出すタイミングは自分が一番よく分かっている。

私たち大人はいつからか、自分のタイミングで自分から手を伸ばすことを忘れてしまった。子どもにも、お年寄りにも、危険を回避するために、自分からむやみに手を伸ばさないようにと声をかけてしまうようになった。

家庭でも、保育園や幼稚園でも、小学校でも、「むやみに触ってはいけない」と教えられる。危険だから。危ないから。何かあったら大変だから。かと思えば、手を出したくない時に、「みんなが触るのにどうして触らないの」と言われてしまうこともある。

みんなと同じように楽しみなさいと強要されることがある。失敗しないようにお膳立てしてみんな一緒にできるはずだとせーのでやらされることもある。失敗しそうなことにはチャレンジできない環境も増えている。小学校では、雪が積もれば、グラウンドの状態を悪化させないために、そして、子どもたちが濡れて風邪をひかないためにと、外に出ることさえ禁止されるところもある。体験は強いられてするものではない。主体的に心が動いた時に、体が自然についてくるのではないか。

「また明日」では、それぞれの心が躍動し、生き生きと今を楽しんでいることがわかる。現代の多くの子どもたちは、安心や安全との引き換えに、とても大事なことを失ってしまったと気付かされる。

「また明日」の子どもたちやお年寄り、そしてスタッフからも、散歩から帰ってくるとこんな言葉が次々にあふれ出す。

「ただいま！　あー、おもしろかった」

「あー、楽しかった。また明日もおさんぽいこうね！」

人生を「主体的に過ごす」

散歩に出かけなかったお年寄りは、まだおすわりのできないくらいの赤ちゃんと一緒に、静かな午前中をのんびり過ごす。「また明日」にゆっくりと時間が流れるひとときだ。

お茶を飲みながら静かに新聞を読んだり、持参したお気に入りの本を眺めたりしながら自宅のように過ごす人もいる。子どもが好きな人は赤ちゃんにいないいないばあをしてあやしたり、動物が好きなお年寄りは犬を膝に乗せて優しく撫でたりしたながら、スタッフとおしゃべりを楽しむ。横になりたいときはベッドもあり、休むこともできる。

すべてのお年寄りが「主体的に過ごす」ことこそが、ここでのプログラムである。デイサービスに細かいプログラムやタイムスケジュールがないのも、「あくまでも利用者である本人が主体であり、その人がより良く生きたいという願いを実現するために、私たちが動く」という和道さんの思いが根底にあるからだ。

高齢者施設では、利用者に対して親しみを持って接するという理由で「〇〇ちゃん」などと呼びかけ、親しげに話しかけるところもあるが、「また明日」では必ず名前に「さん」をつけて呼びかける。敬語を使い、丁寧に接する。トイレや入浴の場合にも、正面に座り、「〇〇さん、ちょっとご一緒しませんか」「こちらへいらしていただけますか。ご案内いたします」と言ってそっと両手を差し出すところからやり取りをはじめる。そして、人がいないところへ行ってから、「お手洗いに行かれませんか」とこっそり話す。当然のことではあるが、認知症の高齢者であっても、一人の人間として敬い、尊重する姿勢がすべてのスタッフに徹底されている。

和道さんはこれまでにいくつかの介護の現場を体験している。老人ホームや在宅サービスなど、場所によって違いはあるが、絶対的にスタッフの人数が足りていないと感じてきた。一人のスタッフで20人、30人以上を担当しているところも多い。夜は50名のおむつ交換を2名で行なっていたこともある。その状況でより効率よく仕事をしようとすれば、どうしても作業は流れ作業になる。より早く、より効率よく。いつの間にか、スタッフ同士が仕事の速さを競うようになる。

「若い頃は、私自身、自己顕示欲の塊でした。仕事ができるということに憧れを持っていた。仕事ができると言われたい、認められたいという思いで動くと、学生時代に抱いていた理想の福祉とはかけ離れていってしまうんです」

また、本来、一人ひとりに流れる時間は異なるものだが、食事の時間、レクリエーションなど、プログラムの時間が厳密に固定されていると、それぞれのお年寄りに丁寧に向き合うことは難しくなる。朝食の時間が決まっていれば、30分前までにすべてのお年寄りはベッドを離れ、食堂に集まらなければならない。昼食も時間内に食べ終わらなければ午後のレクリエーションに片付けが間に合わなくなってしまう。

このことは、保育所にもそのままスライドできる問題だ。食事の時間に間に合うように、昼寝の時間に間に合うようにと子どもたちの時間を管理する。こなさなければならないイベントの練習、作品展に間に合わせなければならない工作やお絵かき。そのために子どもの心の動きに目をつぶり急がせる。それは誰のためのシステムなのか。大人数を効率よく管理するためであり、そこに、自分たちの仕事を認めてほしいという思いが生まれてはいないだろうか。本来の目的から離れてしまってはいないだろうか。

和道さんが若き日に抱いた疑問は、「また明日」の現在の姿に確実につながっている。

「お年寄りはみなさん、人生の先輩です。そうであるにも関わらず、介護の現場では、システム上、どうしてもその人生の先輩より上の立場に立ってしまうことになる。介護のスタッフはすべてにおいて、お年寄りの生活を管理する側になります。お年寄りは死ぬまで管理される側。自分の人生なのに、自分でやりたいことをできなくなる。ご飯の時間、寝る時間、起きる時間が全部決められている。今日は眠いからもう少し寝たいという気持ちがあっても起こされる。介護という手段をせっせと与え続け、お年寄りは、すみません、ありがとうございますというだけの人生になってしまう。そのことにずっと疑問を抱いていました」

和道さんは静かに、介護士に、保育士に、私たちすべてに問いかける。

「誰かから与えられるだけの人生でいいのでしょうか。お年寄りだけではなく、誰もが、そんな人生は辛いと思います。私だって嫌だ。私たちがやろうとしていることは、子どもとお年寄りがただ一緒にいることではないのです。ただ一方的に何かをしてあげるために『また明日』を作ったのではありません。それぞれの人が、それぞれのいいように自分の人生のひとときを過ごせる場所を作りたい。それぞれが主体となって、ある時は支え、ある時は支えられる。そういう関係性が生まれる場を作りたいということがすべてです」

できる人が誰かのために

散歩や外遊びで存分に土や草、場合によっては川と戯れた子どもたちは、帰ってくるころにはお腹もペコペコだ。それぞれに汚れた服を脱いで――少しお兄さんお姉さんになってくると自分で脱いでカバンの中のビニール袋に入れることもできる――シャワーを浴びる。靴下がうまく脱げない子はおばあちゃんに引っ張ってもらうこともある。年齢は関係なく、綺麗になって準備ができた人からお昼ご飯。眠そうな子は少し早めに食べ始める。

部屋の真ん中の座卓の隣に小さな座卓を増やし、幼児用の椅子を並べる。お年寄りが座ってくつろぐ横で、子どもたちは「いただきま〜す！」とモリモリ食べる。ちょっとこぼしてしまった時は、「あらあら」とおばあちゃんが拾ってくれる。

「〇〇さん、ミルク、あげていただけますか」

「すみません、ちょっとこの子のお食事、手伝ってあげていただけますか」

スタッフからお願いすることもあるが、デイサービスに通う人も、子どもたちの食事の様子を見ながら、自然にそっと手を添えたり、赤ちゃんを抱っこしたりする。

食事以外でも、泣いている子がいると、「あらあら、泣いてるよ。ほら、行ってあげて」

「どうして泣いているのかしらね」などと、気を使ってくれることがある。泣くことの多い赤ちゃんも、お気に入りのおばあちゃんに抱っこされるとにっこり笑う。

「いつもありがとうございます。〇〇さんだと、ご機嫌ですねぇ」

「うふふ。だって、大好きだもんねぇ」

子どもたちもお世話をしてもらうばかりではない。時には、食の進まないおばあちゃんにスプーンを持っていき、「はい、アーンしてね」と食べさせてあげることもある。スタッフだと口を開けないおばあちゃんも、子どもがスプーンを差し出すと、思わず口を開けてパクリと食べる。「おいしい?」と聞く子に渋々うなずく。

子どもたちは、スタッフとお年寄りの関係や、関わり方をよく見ている。椅子から立ち上がり部屋を移動するとき、足元に落ちているおもちゃをスタッフがさりげなくよけていれば、子どもたちも真似をする。お手洗いから出て手を洗い、ペーパータオルをゴミ箱に捨てようとすれば、捨てやすいところにゴミ箱を移動してあげる子までいる。

デイサービスに通う人の中には、保育士や教員だった人もいて、スタッフが教えられることも多い。エプロンをつけて過ごしていると、誰がスタッフで誰がデイサービスの利用者か見分けられないほどだ。誰が誰を介助するという役割は取り払われて、お互いにできる人ができることを誰かのために自然にしている。

「また明日」に顔を出したケアマネージャーがその様子を見て、「ここのスタッフは、利用者さんに『ありがとうございます』とか『すみません』とか、たくさん言ってますよね」と驚いていたという。一般的な施設では、利用者がスタッフにお世話をしてもらうことを申し訳なく思ったり、感謝の言葉を繰り返すことが多いが、ここでは逆転している。

スタッフがそばにいても無表情なおばあちゃんも、赤ちゃんが近くでつかまり立ちをしていると笑顔で手を差し伸べる。鼻水が出ている子が「おはなでた」と近づいていくと、ティッシュで拭き取ってくれる人もいる。その度にスタッフは「ありがとうございます」と声をかける。

ある朝、眞希さんの元へ、16年来の友人でもあるケアマネージャーから電話があった。

「とにかくこの感動を朝イチで伝えたくて！」と電話の向こう側で興奮気味だ。

「最近利用し始めた○○さんのご自宅に行ったら、私にこんな風に話してくださったの。『この前ね、私につかまって立ち上がった赤ちゃんがいたのよ。ニコニコ笑って。その後、ミルクをあげたり、お世話したのよ。こんな私でも役に立てるんだって思ったの』って。人との関わりの中で人が変わっていくのね。心が動かされて変化していくのね。その本質

が『また明日』にあるんだって思ったら、涙が出てきた」

その話は朝のミーティングでスタッフにも共有された。そのお年寄りは、家族から利用希望が出てから実際に来所するまでに時間がかかっていたこともあり、みんなで「本当によかったね」と頷き合った。

しかし、子どもたちとの関わりも全ての利用者に強制するものではない。ごく自発的な関わりを大事にしている。認知症の症状や要介護の程度によって、子どもたちとは関わらないお年寄りもいる。静かに過ごしたい人は子どもたちから少し離れたところに座る。子どもたちも、相手にしてくれる人とそうでない人は自然に分かるので、構ってくれる人のところに行くようになる。

動くことが難しい人もいるが、ベッドに横になって子どもたちの遊ぶ様子を見ていると、子どもたちが「どうじょ」とおもちゃを持ってきてくれることもある。

子どもたちや認知症のお年寄りのやり取りを見て、スタッフもまた感じることがある。

「幼児がすごく自然に、『今日、〇〇さんは？』とその日来ていなかったお年寄りの名前を口にしました。お友達のことを気にかけるのと同じように、ちゃんとお年寄りの方々のことも心にあるんだなと思いました」（上野さん）

「子どもたちが大人のような会話をすることが時々あります。あるとき、お昼ご飯を食べながら3歳児数人が、戦争について話をしていました。『戦争ってなあに?』『戦争ってこわいんだねえ』『戦争なんておこしちゃダメだね』と話していて驚きました。お年寄りが話しているのを聞いて真似をしたのかもしれませんが、こんなに小さな子でもそう思うんだなと考えさせられました」(Sさん)

「公園で子どもたちが楽しそうに順番を守り、すべり台をすべっているのを見て、西森さん(男性の利用者)もその列に並んで、満面の笑みですべり台をすべって来られた光景が忘れられません。子どもたちとご利用者さんたちが、一緒に団らんしながら笑ったり歌ったりする光景が日常的に見られるのも、『また明日』ならではだと思います」(Mさん)

待つこと、見守ること

「子どもがこの保育所にお世話になっていたご縁で、声をかけていただきました」

Fさんは、今も子どもを預けながら週に一度、ここでスタッフとして働いている。子どもを預けている保護者として関わっていた時には気づかなかったことがたくさんあったと話してくれた。

「ここで働く前は保護者の一人でしたから、外から見ていると、ゆったりのんびりしていて、きっとスタッフになってものんびり働けるんだろうなあって想像していたんです。スタッフの皆さん、全然大変そうに見えなかったんですよ。でも、実際に入ってみると、そのゆったりのんびりしている空気は、スタッフの皆さんが細心の注意を払いながら安全に過ごせるように見守っているからだということがわかりました。何かあるとバタバタと慌てたり大きな声を出してしまったりしがちですが、最初に森田さんからうかがったのは、このゆったりした空気感をとても大事にしているということでした。スタッフが落ち着いていなければ、利用者の皆さんも子どもたちも戸惑ってしまいますから。

これ、簡単なようでとっても難しい。これでいいのかなあ、自分は今何をするべきなのかなと悩みながら働いています。お互いに尊重し合う職場なので、何かを指摘されることもなく――そこはちょっと不安ですね。それから、『仕事の効率なんてどうでもいいこと。目の前の人に寄り添うことが一番大切。そのために他の仕事が終わらなくてもそれは仕方がない』という考え方を『また明日』で学びました。他の職場ではなかなかそうもいきません。森田ご夫妻が後始末をしてくださっているからだと思います」

「また明日」では、新しいスタッフにも細かく指導はしない。開所当時から5、6年ほどは、和道さんがスタッフに細かく指導していたが、その後、あることに気がついたという。

「うちは曜日によって顔ぶれも変わりますから、雰囲気もリズムも変わります。一人一人のお迎えの時間も微妙に変わる。そうなるとマニュアル化はできないし、刻々と状況が変わっていく中でいかにやっていくかが問われます。その人自身がその中に入って、慣れていくしかないと思うんです。だから新しいスタッフが来ても、最初は何も言わずに現場に入っていただきます。スタッフを増やすときには、人員配置基準に合わせて有資格者を最低限で配置しながら、できるだけ資格のない人を採用します。

資格を持っていても現場経験がない人、未経験の人ほど丁寧です。自分はあまりよく分かっていないということが分かっている人は、とても謙虚に、丁寧に関わってくださいます。周りをよく見て、他のスタッフがどうしているか、お年寄りにどんな関わり方をしているか、ここは見守るときなのか、待つときなのか、そういうことをその人自身に感じ取ってほしいのです。皆さん、だいたい半年くらいすると、何も言わなくてもできるようになっていきます。保育として入った方でも、お年寄りが落ち着かない様子を見せると、すっとそこに子どもと一緒に居てくれる。やっていると分かってくるんですよね」

実際にスタッフは、「また明日」で学んだこととして次のようなことをあげている。

「認知症のお年寄りが『できることは何か』を考えるようになった。お年寄りのペースに配慮したり『待つ』ことを意識するようになりました。歩行に介助が必要な方に対して、本人の足で歩いていただくにはどうしたらいいか、腕力でどうにかしようとせず介助するにはどうすればいいのかを考えるようになりました。マニュアルのない職場なので、今何が求められているのかに気づくこと、行動することが一番難しいですね」（Kさん）

「子どもたちに対しては手出し、口出しをせずになるべく待って見守るように。お年寄りには子どもたちに遊びやお世話（着替え、食事、抱っこ、ミルクなど）をお願いするようにしています。子どもたちとお年寄りをつなぐ黒子のような存在になりたいです」（上野さん）

「これまでの職場では決められたマニュアル通りに、正確に迅速に、どれだけ多くをこなせるかを要求されていました。ここではマニュアルは一切なく、常に全体を把握し、スタッフの動きを見ながら自分が今何をすべきかを考えながら動かなければならず、大変です。他のスタッフの皆さんの接し方は素晴らしいなと感じています。気づかせていただける場面が多くあり、日々学びながら成長できるよう頑張っていきたいです」（Mさん）

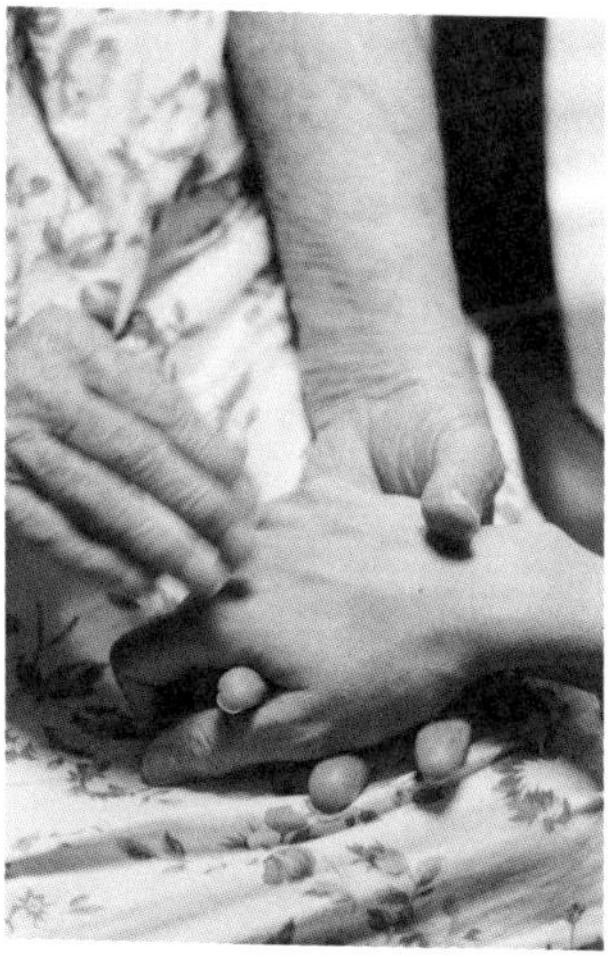

「我が子を育てているときには子どもの行動を観察することができませんでしたが、また明日でたくさんの子と出会い、それぞれの子をじっくり見られるようになった気がします。こんな余裕が我が子のときにあったらよかったなと思います。デイの利用者様には、お話を聞くだけでなく寄り添うことが大切だなと感じています。仕事をする上で一番大変なのは、その人らしさを引き出すことです。職員の皆さんが前向きで一生懸命なので、大変なこともみんなで乗り越えられると思っています」（松山さん）

「学生時代にも（また明日で）バイトをさせていただいていました。目に見える業務も大切ですが、それ以上に目に見えない業務や空気感を大事にしたいと思うようになりました。まだまだ上手くいかないことのほうが多いのですが、自分のペースに利用者（お年寄りや子ども）を合わせようとするのではなく、利用者のペースに合わせて動けることを目指しています。そして、自分も楽しむことも大切だと思っています」（森さん）

子どもたちやお年寄りを見守り、待つように、森田夫妻はスタッフのことも見守り、待っている。そうすると、スタッフもそれぞれのペースで学び、自分で感じ取り、自分のものにしていくのである。

そして、森田夫妻は、スタッフ一人ひとりの生活や人生も尊重している。

「以前の職場では体調不良でも熱がなければこいと言われましたが、ここでは、『休むのはお互い様だから、体調不良の時は遠慮なく休んでくださいね』と言っていただけます。とてもありがたいです」（Mさん）

「家庭の事情など、働く人にもいつも寄り添ってくださるので、とても働きやすく恵まれた職場だと思っています」（上野さん）

勤務時間や勤務日数も、家庭の事情を加味して調整する。地方から出てくる若いスタッフには一人暮らしの部屋を一緒に探し、東京の両親のように心から心配する。新たに挑戦したいことができれば、心から応援もする。研修に行きたいといえばともに出かける。

スタッフへの取材の中で、森田夫妻には内緒にしますと付け加え、「何か改善して欲しいことはありますか？」と尋ねたところ、出てきたのは、「台所に暖房がほしい」「トイレやお風呂の柱が時々邪魔だなと思う（笑）」など、設備面だけだった。内緒といったのに書いてしまって申し訳ないが、柱は無理でも、ぜひ台所の暖房はどなたかに寄付していただけたらうれしく思う。

そして、そのアンケートには、スタッフ全員から、森田夫妻に対する感謝と尊敬の言葉がびっしりと並んでいたことも書き残しておきたい。

放課後の子どもたち

お年寄りも子どもも、そしてスタッフも、誰もが一人の人間として尊重され、自分の人生を生きる時間を大切にされる場所では、あえて先回りをして注意をしたり、行動を制限したりする必要はない。そこにいるだけで、自然に、世代を超えてお互いに尊重し合うことができるようになり、支え合う場となっていく。

その場には放課後の小・中学生、時には高校生や大学生も訪れる。彼らにとってここは体験の場であり、多世代との交流の場であり、学びの場でもある。人に優しくしなさい、お年寄りは大切に、小さい子を助けてあげて、などと言われるまでもなく、その場で感じ取り、行動できるようになっていく。

昼食が終わり、お昼寝が終わるとおやつを食べる。おやつはみんなのお楽しみ。小金井の畑で採れた芋や栗などの差し入れもあり、季節の恵みがおやつになる。差し入れをいただいた日は、「〇〇さんの畑で取れたおいもだよ」と、生の芋のままでテーブルに置いておく。「朝あそこにあったお芋が、おやつになったねえ」とみんなで美味しくいただく。

おやつの際もお年寄りと子どものやり取りが面白い。和道さんが最初に就職した法人から、四半世紀近くのお付き合いになるというAさんのこんなエピソードがある。

おやつの時間になると、「これあげましょうね」と隣の子どもにおやつを分けてあげるAさん。でも実は、ご自身があまり好みではないおやつだったようで、別の日にお気に入りのおやつが出た時には、「おばあちゃん、それちょうだい」と言われても、知らん顔で一人でもぐもぐ食べてしまった。子どもは「おばあちゃんくれなかった」とがっかり。その子には眞希さんが、「まあ、そんなこともあるよ」と、おかわりをあげる。そんな人間らしいやり取りをみんなで笑って見守るのも、「また明日」らしさだろう。

朝の散歩の疲れをとって、おやつを食べて、充電が終わると子どもたちはまたフルパワーになる。ちょうどその頃、近くの学校に通う小学生たちが遊びにやってくる。

「ただいま〜」

「おかえり〜」

小学生の子どもたちが数人、慣れた様子でドアを開けてワイワイと入ってくると、「また明日」の空気は一変する。保育所の子どもたちは、お兄ちゃんお姉ちゃんが大好きだ。遊び相手がやってきたぞと活気づく。

動物が好きな女の子は、子猫の「ちまちま」が寝ている大きなケージにまっしぐら。

「ちまちま、来たよ。寝てるの?」

そう言いながらケージの隙間から手を入れてちまちまの背中をなでる。聞けば、家はペットが飼えないマンションで、ここにきて犬や猫と触れ合えるのを楽しみにしているという。

「この子泣いてるよ。お腹空いてるんじゃない?」

泣いている赤ちゃんをひょいと抱き上げて背中をトントンと優しく叩く中学生のCさん。赤ちゃんも安心して泣き止み、ニコニコ笑う。

「あら、上手にあやすわね」

その様子を見ているおばあちゃんにほめられることもある。

「また明日」に小学生の頃から遊びに来ていたCさんがここを知ったのは、小学校5年生の夏休みのボランティアがきっかけだった。

「みんなが優しくておもしろいし、入ってきた時に温かい声で迎えてくれる。それにね、小さい子がかわいい! お手伝いをしたら『ありがとう』って言ってもらえるから嬉しい。私にとっては第二の家かなあ。楽しくってラクになれるあったかい場所です」

Cさんと仲良しのKさんも、「また明日」が大好きだ。

「保育士さんみんなが優しくて、子どもたちともすぐに仲良くなれる。どんな時でも歓

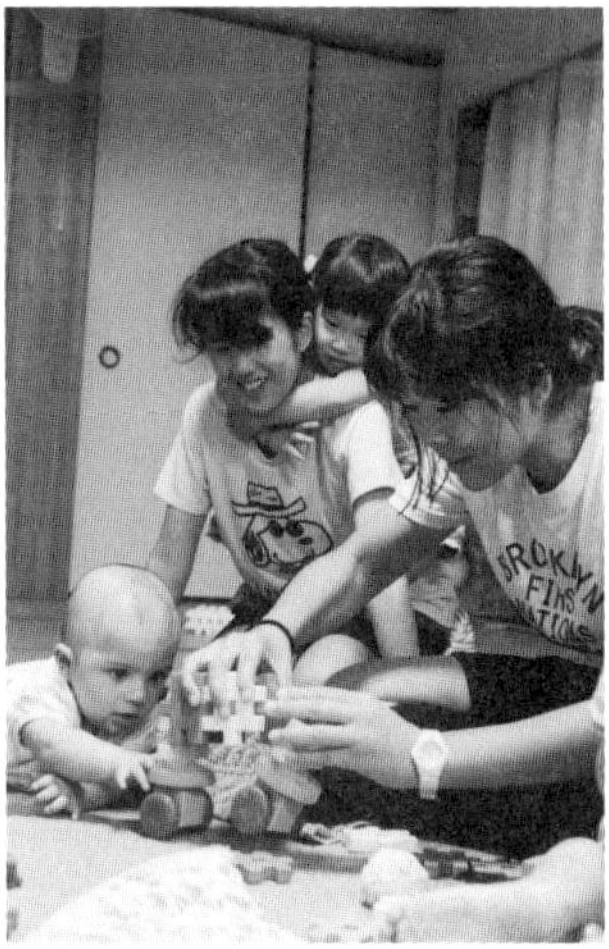

BROOKLYN

迎してもらえてとてもうれしいです。今まで一番嬉しかったのは、小さい子に『お姉ちゃん大好き！』と言ってもらえたことかな」

毎日遊びに来る子もいれば、夏休みや春休みなどに遊びに来る子もいる。男の子たちは前の公園で遊んだついでにトイレを借りにきたり、おやつを食べにきたりする。デイサービスのお年寄りは16時ごろから帰宅が始まるので、夕方は徐々にいろいろな年齢の子どもたちだけの時間帯になっていく。

学校の宿題や塾の宿題をしながら、スタッフとおしゃべりを楽しむ。小学生がオルガンを弾き始めると、保育所の子どもたちも「わたしも！」「ぼくも！」とオルガンを囲む。畳の部屋でハイハイする赤ちゃんと追いかけっこをする小学生もいる。

気がつくと、夕方、和道さんがその混沌の中で横になっている。

「眞希さ〜ん！　えんちょー先生、また寝てるよ！」

「だめじゃんこんなトコで寝ちゃ！」

小・中学生にそんな風に言われながら、嬉しそうにニヤリと笑って、和道さんはまた寝たふりをする。デイサービスの利用者の皆さんが帰った後は、和道さんのリラックスタイムだ。そのうちに本当に寝てしまい、いびきまでかくこともある。

「いやいや、あれはね、子どもの目線になったらどんな風に見えるかなっていう実験ですよ。それでわかったことの一つは、冬は床に近いところは寒いなあということ（笑）。でも、ああやって床で転がっていても、多少は文句も言われるけど、疎外されない。普通、上司がああいうことしてたら嫌でしょう。でも、あそこであんな風にしていても、みんなが大事にしてくれる。ここは何の心配もいらない。そういう安心感がある。そんな風に、いろんな人間を抱擁できるような社会になったらいいなと思っています」

そう冗談ぽく話す和道さんの、実は核心をついた言葉を聞いて、眞希さんはこう返す。

「みんなが大事にしてくれるかどうかは別として、さらにすごいのはね、そんなえんちょー先生が枕にしてよだれを垂らしていたクッションがシミだらけになっちゃったんですよ。そうしたら、あるスタッフが、何も言わずにある日突然、新しいクッションカバーを作ってきてくれたんです。前はピンクでシミが目立ったから、今度は紺にしましたよって。もう、笑っちゃうでしょ。ホント、みんなやさしいんだから」

ひとりが誰かを大切にすると、その人がまた誰かを大切にする。「また明日」には、そんな関係が幾重にも重なり合っている。そこには森田夫妻もしっかりと組み込まれている。

第二の実家、親戚の家

お迎えの時間は、自転車の音や車のライトの光が合図だ。音だけで「あ、〇〇ちゃんのパパだ！」とわかる子もいる。何も言わずに棚からカバンを取り出して帰り支度を進める子もいる。お友達のカバンを持ってきて、その子のお母さんに「ハイ、どうぞ」と渡してあげる子もいる。

その日の様子はファイルに書き込んで毎日渡すが、特別なことがあれば直接話す。特別なことがなくても、あれやこれやとだいたい話す。受け入れのとき同様、お迎えが来ない子が寂しがるからという理由で、お迎えの際に部屋の中に入れない保育園も多いが、ここではお迎えに来たお父さんやお母さん、きょうだいも室内に普通に入る。

お迎えに来たパパにいつの間にか抱っこされているのが実は違うお子さんで、本人はのんびり絵本を読んでいることもある。お母さんはちょっと一息、ここでスタッフに仕事の愚痴をこぼしていくこともある。お母さんたちに率直な感想を聞いてみた。

「上の子の保育園は時間に厳しく、ここでは『先にそっちに行って来ていいよ。こちらはゆっくりで』という言葉をかけてくださるのでいつも助かっています。役所に提出する書類で不備があったときも、こんなに親身になってくださる園はありませんでした」

「うちは核家族なので、ここではおじいちゃんおばあちゃん、それから動物もいて、小学生まで遊びにくるのがとてもいいと思います。私はほぼ毎日、お迎えに来ても雑談してから帰ります。実家が遠方にあるので、ここが実家のようでとてもありがたいです」

「上の子が他の大きな認可保育園に通っているので最初はそのギャップに驚きましたが、幅広い世代の人と関われるので、ありがたい環境だと思います。子どもにとっては第二の家、私にとっても親戚の家のような感じです。なんでも相談できて、何かあったら頼れる安心感は、普通の保育園ではなかなかないと思います」

うまくいかない子育ても、夫の愚痴も、なんでも相談できる。短時間で話せないことは、別にゆっくり時間を確保する。

子育ての相談以外にも、例えば保険のセールスをしているお母さんが、「保険の営業が難しい」と言えば、「それじゃあ今度、私たちに試しにやってみて！」と眞希さん。

夕方、最後にお迎えに来て、そのまま保険のセールスの練習だ。取材にお邪魔していた私にも、「どう思う？」と眞希さんは訪ね、どうすればうまくできるかをみんなで考える。

普通の保育所では考えられない光景だと後で伝えると、眞希さんはこう答える。

「私、ここを保育所だと思っていないのかもしれません。何か困っている人がいたら、できることがあればしたいし、私ができなかったら、誰かできる人に頼めばいいかなと思っています。うちは、『年齢、性別、障がいの有無、国籍の違いを超えて』ということを一番最初に理念としてうたっています。それを実現するために『地域の寄り合い所』を設けているんです。だから、お母さんだってお父さんだってその中に入るし、保育を利用していない親子も、近所の方も、いろいろな人が来てみんなで困ったことも一緒に考え、嬉しいことは喜び合える場所だといいなと思っています。誤解を恐れずに言えば、寄り合い所をやりたいから、介護保険事業と保育事業をやっていると言っても過言ではありません」

介護保険事業、保育事業という枠からこぼれ落ちてしまう人たちも、「寄り合い所」があることで全て包み込むことができる。あらゆるニーズに応えたいという思いが根底にある。

「人間の日々の暮らしに線引きはできません。分けられないことってあるでしょう?」

と眞希さんはいう。障がいがある子もない子も、国籍が違っても、みんな一緒。

イスラム教徒の夫婦が保育所を探した時、ほかでは、「ハラール(イスラム教で食べて良いもの)への対応が難しい」と言われたが、「また明日」は一つ返事でOKだった。

「イスラム教で食べちゃいけないものに興味も湧いたし、小さな園だから対応も難しくない。でも、最初来た時はまだミルクで、他のお子さんと何も変わりませんでしたよ」

その男の子は、「また明日」でお年寄りにも可愛がられ、すくすくと大きくなっている。

保育所のお迎えが済んで全員が帰った後は、最後に残った数人のスタッフでお茶を飲む。誰かが差し入れてくれた甘いものを少しつまんで、お互いの一日をねぎらう。

和道さんは「あ、もう行かなくちゃ」と言って、地元の消防団の集まりに出かけて行った。差し入れの野菜が余っていれば家族のいるスタッフに持たせ、一人暮らしのスタッフには、昼食のおかずの残りを持たせる。

外に出ると残照が美しい。日中の喧騒が夢だったかのようにしんとした「また明日」を背に、自転車で帰って行くスタッフたち。

眞希さんはベランダに出て、みんなが見えなくなるまで最後まで手を振っていた。

「気をつけてね。また明日!」

「また明日」の日々

おはようございます！

「また明日」のスタッフが通ると、あいさつが響く。

「おはようございます！」「こんにちは！」「また明日！」

誰にだってあいさつする。子どもたちはそれを見て真似をする。

「おはようございまあす！」「こんにちは〜！」「またあした！」

あいさつすると、みんなあいさつを返してくれる。

「あら、おはようございます」「おや、こんにちは」「また明日ね」


今日もまた、あいさつをする。

道ゆくお姉さんに。いつものおじちゃんに。

この素晴らしい世界に。

今日は新しい公園に行ったよ！

今日は、普段はあまり行かない公園へお散歩。

「あの公園で、この子たち最初に何したと思います？」

なんと、公園に着くなり、みんながしたのは、
雑草抜き！

「ブランコも滑り台もある公園なのに」

「花壇の雑草抜き、私たちがしているのを見ているからかな」

「いいね、生活感たっぷり！」


子どもたちにとって、暮らしのすべてが、学びで遊び。

何をしたっておもしろい。

58
urehope

ミルク飲ませてくださいますか？

「おやおや、この子、泣いてるよ」

「お腹が空いてるんじゃないかい」

「あらあら、ほんと。今ミルク作るので、飲ませてくださいますか？」

「うふふ。私だとご機嫌だものね」

スタッフから哺乳瓶を受け取って、ミルクの温度を確認。

「ちょうどいい温度だね」

ごくごく　ごくごく　ごくごく　ごくごく

「あらまあ美味しそう。あっという間に全部飲んじゃった」

はい、あ〜んして！

私だって上手にあ〜んしてあげられるよ。

違う違う、私があ〜んするんじゃなくて、おばあちゃんがあ〜んするの。

「はい、あ〜んして」

「もっと、おくちあけて」

おばあちゃんいいいな。このゼリーおいしそう。おやつみたいだね。

「ほら、おいしいよ」

「あ〜んして」

あ、食べてくれた。


ほらね。私だって上手にあ〜んしてあげられたでしょ。

おじいちゃん、おふねどうやってつくるの？

「ほうら、できた。さあどうぞ」

「それなあに？」

「おふねだよ。笹の葉っぱでできているんだよ」

葉っぱのおじいちゃんはいつも上手に
いろんなものを作ってくれる。

「つくりたい！　つくりたい！」

「じゃあ、一緒に作って浮かべに行こう」

タオルできた！　もう一回！

「タオルが乾きましたよ～」

さあさ、今日もみんなでタオルをたたむよ。

「今日はたくさんあるねえ」

「ほら手伝って」

「たくさんあっても、みんなでやれば早いねえ」

「できた！　もう一回！」

「もう一回するの？　仕方ないねえ」


たたんでは崩し、たたんでは崩し。

これ、いつ終わるのかなあ。

ここにくると忘れちゃった。

「ただいま」

「おかえり」

中学生がひょっこり顔を出す。今日は久しぶりに部活はお休み。

「はーい。元気にしてた？」

「相変わらず、みんなかわいいねえ」

赤ちゃんのお世話もおてのもの。


「学校でさ、いろいろあったけど」

「でもここにくると、忘れちゃった！」

「だから、何があったかはヒミツ」

BROOKLYN

眞希さんはお仕事行かないの？

夏休み、朝早くから小学生がやってくる。

小さな子どもたちを連れてきて、仕事に出かけるお父さんやお母さん。

「行ってらっしゃ〜い！」とみんなでお見送り。

「ねえ、眞希さんはお仕事行かないの？」

「だって、私が仕事に行ったら、

『お腹が空いた』ってみんなが来たとき、困るでしょ？」

「あ、そうか。じゃあ、ずっとお仕事しないでね」

「また明日」は暮らしの場。仕事をしていないと思われるのは、ほめ言葉。

鬼のパンツ、ゴムが伸びちゃった！

年に一度の大イベント、節分の日の豆まき。

今年もえんちょー先生扮する鬼がやってきた！

「悪い子いねえか〜！」

ほとんどナマハゲ。

泣き叫び、逃げ惑う子どもたち。

「こら！　鬼！　あっちいけ！」

子どもたちを守るおばあちゃん、おじいちゃん。


パンツのゴムも伸びきって、鬼はタジタジ。

子どもはあきらめ、眞希さんを引っ張って、退散！

第3章

本当の地域共生社会とは

～できる人ができることを～

地域に心を開く場所

「また明日」には、子どもたちとお年寄り以外にも、地域のさまざまな人が出入りしている。地域の寄り合い所として常に開かれている場所では、やってくる人も心を開くことができる。心を開く場所を求めてやってくるのかもしれない。

10年ほど前までは、まだ「保活」ということばもなく、仕事をしていないお母さんが子どもを連れて気軽におしゃべりにくることも多かった。

「当時、お母さんたちは、朝起きて化粧ののりがいいと子育て支援センターのひろばに行くと言っていました。イマイチだなと思ったら『また明日』にくると(笑)。支援センターに行ってきたけどなんだか疲れちゃったので昼寝させてほしいと言ってここに立ち寄り、横になるお母さんもいました」(眞希さん)

母親は「より良い子育てをしよう」「理想のお母さんでいたい」と思えば思うほど、「いつも笑顔でいなくてはならない」「感情的に怒ってはいけない」「素敵なママでいなければならない」などと自分で自分を追い込んでしまう。理想の母親像とうまくいかない現実のギャップに苦しむ。周りのみんなはうまく子育てしているように見えるのに、「自分だけ、どうしてうまく子育てができないのか」と悩むことも多い。

ひろばに行けば、そこの職員やほかのお母さんたちと話をすることもできるが、基本的にお母さんは自分の子どもを責任を持って見ていなければならない。転ばないか、頭をぶつけないか、子どもたちが他の子に手を出さないか、おもちゃをとってしまわないかと気が抜けないのは、家でもひろばでも同じだ。さらに、周りが求めていなくても、つい見栄を張り、いいお母さん、素敵なお母さんを演じてしまうという人もいる。

一方、「また明日」では、ダメなところもそのままで受け入れてもらえるのがいいという人が多かった。気取ることも、頑張ることもしなくていい。大人の目がたくさんあるから、目の離せない時期の子どもがいても、気を抜いて休むことができる。スタッフもそのことを勧めてくれる。ゆったりと流れる時間や空気感、スタッフの飾らない振る舞いは、訪れる人たちをリラックスさせる。ここには「ねばならない」はない。ほっと息をつける。

10年ほど前、「子どもと二人で家にいて、寂しかったので遊びに来た」ことが、「また明日」に来るきっかけだったという中村さんが、その時を振り返ってくれた。中村さんはその後スタッフとなり、子連れで出勤していた時期もある。

「みんなが自由にくつろいでいて、ここは居心地が良かった。うちの子が赤ちゃんのときに、おばあちゃんたちが取り合いっこして抱っこしてくれて、とても嬉しかったんです。『また明日』は、本来、人はこういう風に扱われるべきだなと思える場所です」

そして子どもが大きくなった今も、時折「また明日」に立ち寄っている。

「お腹すいた!」と言えること

給食がなく、授業時間の短い時期や長期の休みには、早い時間から小学生が来る。

「お家で一人でご飯を食べるんだったら、ここにおいで。お弁当を作ってもらっているなら、お家の人が用意したお弁当を持ってここに来ればいいし、もしなくてもここに来ればお昼ご飯はあるから大丈夫だよ」

眞希さんはいつもそんな風に小学生に声をかけていた。すると、短縮授業で給食がない日、4年生の子どもたちが数人でやってきた。いつもの顔ぶれに、見かけない子もいる。

「あのね、○○ちゃんね、鍵を持って学校に行くのを忘れたから、お弁当を作ってもらったけど家に入れないの。眞希さん、この間ここに来た時、ここでお昼ご飯食べてもいいよって言ってたでしょ。だから連れてきたの」

眞希さんは「えらい、えらい！　よく連れてきた！」と心の中でつぶやく。

「そうそう、そういう時にもうちにおいで。ご飯もあるから食べて行きなよ」

台所に行って残っていたおかずをお皿に盛りつけて、お友達と一緒にテーブルに着いた時、小さな声でその子がこう言っていたのが聞こえた。

「これ、いくらかな？」

それを聞いて、眞希さんは驚いたという。また明日では、放課後のおやつも、食事も、困っている人や子どもたちには無償で提供していた。困った時に誰かに助けてもらうという経験がないと、お金がないと誰かに助けてもらえないと思うのかもしれない。

「ここを立ち上げて間もない頃、きょうだいが多い家の下の子が保育所に通っていたので、長期休みには上の子たちも毎日ここに来ていました。ある日、小学生のお兄ちゃんが友達をたくさん連れてきて、『眞希さん、お腹すいた！　そうめん茹でて！』と言われ、『よおし、待っててね』と、30束のそうめんを大きな鍋で茹でたことを懐かしく思い出しました。これからも、どんどんこういうことしなくっちゃと思いましたね」（眞希さん）

スタッフの子どもが小学生で、夏休みに一人で留守番をしなければならないと聞けば、「一緒にここに連れて来たらいいよ」と言う。4年生以上は学童保育もない。スタッフの

Mさんが「うちの子は一人っ子でマイペースちゃん」だというその子は、ここで小さな子どもたちと自然に触れ合うことができ、夏休みを楽しく過ごすことができた。

また別の日、「また明日」によく遊びに来ている小学生と中学生の男の子二人が急に外に出て行った。眞希さんは「公園に遊びに行ったかな」と思っていたが、しばらくすると戻ってきた二人は、スーパーの袋をそっと差し出した。

「みんなが食べていたゴマのおせんべいを探したんだけど、いくら探しても見つからなくて……。これ、小さい子でも食べられるかなあ？」

中を見ると、ゴマのついたスティック状のビスケットが入っていた。

「おやつのとき、保育所の子どもたちがゴマの南部せんべいを食べていて、おかわりちょうだい！　おかわりちょうだい！　と次々におかわりするので、『まだ寝ている子たちの分も置いておかないとね』と話していたのを聞いて、二人で急いで買いに行ってくれたんです。しかも自分のお小遣いで。その前の日に、大きい子たち用のおやつを出したので、そのお礼の気持ちなのかなと思ってうれしくなりました」（眞希さん）

困ったときに助けてと声を上げられる、そして声を上げれば、誰かが必ず助けてくれる。自分が助けてあげられる時には助けてあげる。そんなことが自然にできる社会になればいいいと眞希さんは言う。

そして「また明日」に出入りする小学生たちは、保育所の子どもたちをよく知っている。街中で見かければ、その子に声をかけることもある。

「近所のスーパーや公園に行った時、小学生の女の子たちに、『ハジメ〜！』と息子の名前を呼ばれました。私はその子たちのことを知らなかったのですが、いつも『また明日』で遊んでもらっているとのこと。私は小金井市出身ではなく、知り合いも少ないので、その子たちに小学校のことなども聞けて、親戚の子どもたちのように感じました。自分の子どもを知っていてくれる人が一人でも多いと私も心強いです。そうやって小学生が声をかけてくれるなんて、本当にうれしかった」（Sさん）

ボランティア「かしまし三人娘」

「かしまし三人娘」が月曜日に現れると眞希さんから連絡があった。「かしまし三人娘」とは、昭和のアイドルでもなんでもなく、眞希さんが勝手に名付けたボランティアのみなさんのことだ。山崎さん、朽木さん、兼子さん。三人はそれぞれ異なる経緯で「また明日」

にボランティアに来るようになり、たまたまここで知り合った。特に約束をしている訳でもないのだが、たまたま来る日が月曜日で、世代も近い。お昼を食べながらワイワイと話に花が咲く。そこで眞希さんに「かしまし娘」と命名された。

山崎さんは10年近く前から「また明日」の犬たちの散歩をしている。介護の仕事をしており、夫の父も自分の母も自ら介護して看取った。

「ここで頑張っているワンちゃんたちに、たっぷり時間をかけてお散歩してあげたいと思って来ています。5頭いるから、一緒には行かず別々に、それぞれが満足できるようにたっぷり1時間ぐらいずつ歩くんです。でも、そのお散歩だけじゃなくて、ここに来るといろんな人と話せるから楽しいんですよ。小学生と話す機会なんてなかなかないじゃないですか。こうして来られる場所があるってとってもありがたい。私にとってはオアシスです。私自身もほんのちょっと役立つことができるのも喜びの一つですね」

朽木さんは知り合いの紹介で「また明日」を知った。ボランティアを始めて4年目になる。

「ここに来るのを毎週楽しみにしています。デイの利用者さんたちと子どもたちのふれあいも素敵だし、スタッフの皆さんの利用者さんに対する言葉遣いも本当に素晴らしい。ボランティアというよりは、ここに来てみなさんに遊んでもらっているという感じですね。

私にもできることがあれば、何か応援したいなという気持ちもあるし、上の世代の方とお話をしていると、なるほどと勉強になることもたくさんあります。私自身も認知症になったときはここに来たいな」

兼子さんは、小金井市でケアマネージャーとして働いていた。ケアマネージャーになったばかりの頃、担当していたお年寄りが「また明日」に通うことになった。和道さんや眞希さんとはその頃からのお付き合いだという。

「昔は私も施設で働いていたので、ここに来た時にプログラムが何もないと聞いて驚きました。森田（和道）さんの利用者さんとのかかわり方が素晴らしいので、学びたいなと思っていました。ここに来て、利用者さんとお話しして帰ることが何よりも楽しみです。一般的な施設ではリスクマネジメントとしてやってはいけないことや決まりだらけですが、ここは本当に懐の深さを感じますね」

三人娘のみなさんは、定年退職した夫が家にいることも共通点。お昼やお茶の時間には、話題が途切れることなく、毎週三人で盛り上がる。

そこに、「これからも、ご主人と末長く仲良く暮らす方法が一つありますよ」と眞希さん。

「え、なあに？　教えて！」と三人娘。

「それは、月曜日だけと言わず、毎日ここにきてお手伝いいただくことです！」

「もう、眞希さんはいつも調子のいいことばっかり言って。でも、ホント、そうよね」大きく頷く三人娘のみなさん。子どもたちや利用者さんともおしゃべりをして、「また月曜日にね！」と爽やかに言い残して帰る。

「また明日、じゃなくてまた来週〜！」と眞希さんも手を振る。

ボランティアは他にもたくさんいる。入れ替わり立ち替わりだが、全部でおよそ20人ほどではないかという。それぞれがその人の都合のいい時間にやってくる。ご近所の男性で、毎日夕方にお気に入りの1匹を散歩に連れて行ってくれる人もいる。

ボランティアといっても何時から何時まで必ず来てくださいとは言わない。最初は遊びに来ているうちに、気がつくとほとんどの人が、誰かのために何かをしている。

ヘルパーの仕事をしている大賀さんは、いつも突然現れる。「また明日」の前身の、「鳩の翼」に大賀さん自身のお母さんが通所していた時からの付き合いで、今は、ヘルパーの仕事の合間にここでちょっと休憩したり、時にはご飯を食べたりもする。

「大賀さん、おさんぽ行こうよ〜」と子どもたちに誘われると、「ここにくると、こき使われるなあ」と笑いながら、朝の散歩にも同行する。

大賀さんはベトナムからきた子どもの里親もしていたので、ベトナム語を少し話せる。「また明日」にベトナム語しか離せない両親とその子どものニィーちゃんが通い始めた時には、ニィーちゃんのお父さんがお迎えにくる夕方に来てもらうように眞希さんがお願いし、お父さんとベトナム語で話をしてもらったこともある。

誰かの訪問が「また明日」のイベント

「また明日」では、保育所もデイサービスも、レクリエーションやイベントを行うことはしないが、ひな祭りの時期には雛人形を飾り、家庭にいるかのように四季を楽しむ。そして、何かといろいろな人たちが訪れる。

「ギロック・フレンズ.in東京」という10名ほどの音楽団体が、毎月1回、「また明日」に歌と音楽で楽しむ時間を届けている。この日はお年寄りも懐かしく口ずさめる歌を生演奏でみんなで歌う。もちろん子どもたちも一緒に歌う。何度も歌っているうちに、子どもたちもいつの間にか古い歌を歌えるようになっている。

小金井に拠点がある「江戸操り人形劇団　結城座」が来てくれたこともある。目の前で

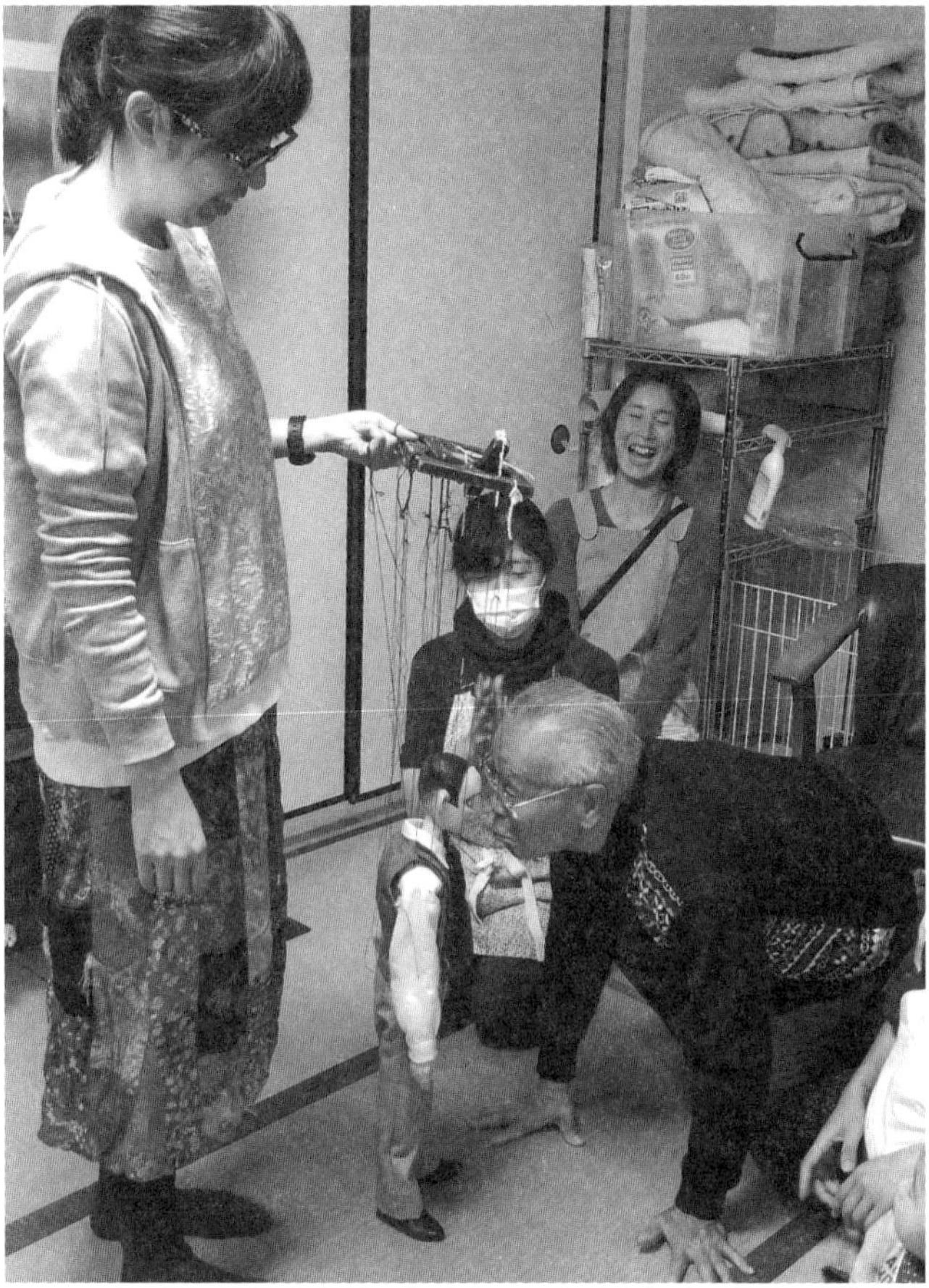

操り人形が動く様子に子どもたちも夢中になる。精巧なおもちゃ作りが得意なおじいちゃん、西森さんも興味津々。人形が動く仕組みをじっくり観察していた。

遊びに来た小学生の男の子が、トランプでマジックを披露してくれることもある。子ども達の前でマジックを見せると、「え～？　なんで～？」とみんな驚いて首をかしげる。「もう一回！」と子どもたちから声が上がると、男の子もうれしくなって、もう一回。

ここではクリスマス会もないことを知った小学生が、自分たちでクリスマス会を企画して子どもたちを楽しませてくれたこともある。そうした自然発生的な行事は大歓迎だ。

毎月2回、ボランティアで紙芝居をしに来てくれる自閉症の青年もいる。彼の付き添いで職員の人も一緒に来る。その青年の担当は拍子木を打つこと。「また明日」で紙芝居を披露するために目的を持って練習しているという。時には、紙芝居の後にみんなで歌いましょうと、その彼と一緒にギターを弾きに来てくれる青年もいる。「最近楽譜が読めないんですよ」というので、最後はギターは横に置いてみんなで手拍子。子どもたちも鈴やタンバリンを鳴らしてみんなで適当に歌って盛り上がる。

子どもたちもお年寄りもスタッフも、そんな時間が大好きだ。

大学からの研修生がくると、最終日には「また明日」で感じたことをまとめてみんなの前で発表する。お年寄りや子どもたちが部屋の端にずらりと並んで座り、真剣に発表を聞く。いつも決まりのない中で主体的に行動している子どもたちは、そうした雰囲気をしっかりと感じとる。

「研修に来ていたお姉さんお兄さんが、これからみんなにお話をします」と伝え、お年寄りもスタッフも、みんな真剣に聞こうという姿勢になると、子どもたちも自ずときちんと座って真剣に聞くことができる。座って話を聞くというのは訓練されて叩き込むものではない。相手のことを思い、自分でどう行動するかを決めるからこそできるのである。主体的に動くということがどういうことかがよくわかる。

ある年、フィールドスタディーとして、1か月の間、「また明日」で過ごした二人の大学生がいた。将来はカウンセラーになりたいという男子学生のKくん、言語聴覚士に興味があるという女子学生のWさん。眞希さんがその二人の様子を教えてくれた。

「Wさんは天性の性質か、ずっとここにいたかのようにここにすぐに馴染みました。毎日の記録からも自分自身としっかり向き合う様子が伝わってきました。Kくんは少し斜に構えてなかなか打ち解けられずにいましたが、人見知りの激しいRちゃんがKくんにとても懐いた頃に、最後の発表の日を迎えました。Wさんも1か月がたち、終わり頃になってようやく認知症というフィルターをかけずにごく普通にお年寄りと接する自分を感じられるようになったと言っていました」

最後の発表の時が来た。発表が終わればフィールドスタディーも終わりだ。

「Kくんは、声を詰まらせながらこの1か月間を振り返り、最後には号泣していました。その日のノートには、『卒業式にも、映画を観た時にもこれまで泣いたことはなかったのに、自分でもびっくりした』と書いてありました。

Wさんは、1か月のなかで一番印象に残ったことを得意な絵で披露してくれました。1枚は、『トカゲのしっぽ』というタイトルの絵でした。彼女は、その絵を見せながら、こう言ったんです。『外で水遊びをしていた時、捕まえようとした1匹のトカゲがしっぽを切って逃げました。そのしっぽが水たまりの中で動き、その様子を〝すごいね！まだ動いてる。不思議だねえ〟と、言って、おじいちゃん、おばあちゃん、子どもたち、スタッフが同じ気持ちで同じしっぽを見ていることがとても印象に残ったのでこの絵を描きました』」（眞希さん）。

眞希さんはその二人の発表を振り返り、「信頼と共感とコミュニケーションが、生きていく上で必須であることを二人の大学生に改めて教えてもらいました」と話してくれた。

東日本大震災で得たこと

2011年3月11日。東日本大震災が起こった。「また明日」ではほとんど被害はなかったが、その10日後、「また明日」を代表して、眞希さんは被災地支援に向かった。

「鳩の翼」の頃から交流のあった「全国コミュニティライフサポートセンター（CLC）」の本拠地が仙台にあり、CLCが立ち上げた「東北関東大震災・共同支援ネットワーク」から、第一陣として人員を派遣してほしいという要請に応える形だった。

当初は屈強な男性をという依頼だったが、和道さんが「また明日」を離れると管理業務が回らなくなる。眞希さんも「また明日」を離れることは難しかったが、他に人を確保することができず、なんとかCLCの役に立ちたいと眞希さん一人が向かうことになった。

仙台のCLCの事務所から石巻市の福祉避難所に入り、4月1日まで活動した。

「福祉避難所は170人もの人がいるにも関わらず、シーンと静まり返っていました。お年寄りは寝かせっぱなしでした。ケアする方も被災していて、みんなが疲れ果てていました。医療と施設管理、行政がバラバラに動いていたので、3者の間を取り持つように努力しました。最初は、外から入ってきた人にはわからない、どうせあんた達はいなくなる。

と言われましたが、最後はみんなでテーブルを囲めるようになりました」（眞希さん）

「避難所では人目を避けられない中でおむつを替えてしまうような状況だったと聞いています。でも、それは被災をしていても許されることではありません。被災をしても人間の尊厳は変わらない。阪神大震災のときに私は伊丹に支援に入りましたが、その時の教訓が生かされていないと思いました」（和道）。

その後、東京に戻り、森田夫妻は「心のうるおいプロジェクト」を立ち上げる。つながりのある人たちに呼びかけ、石巻市内や南相馬市の避難所に月に2、3回物資を運び、月1回は芝居、ジャズコンサート、大道芸など催しを実施した。

地域のつながりは、被災後に新たにつくりあげることはとても難しい。被災地に入り、そのことを痛感した。常時から地域がつながり、人がつながっておくこと、高齢者や子ども、障がいのある人など社会的弱者と言われる人たちにどのように接する必要があるかについて、多くの人が理解を深めておくことが必要だ。さらには、非常時に地域の拠点となる場所も必要になる。

「また明日」設立時に小金井市の介護福祉課長だった前出（第1章）の小俣さんは、「また明日」に期待することとして次のことを挙げている。

「今後、災害時の要支援者の支援システム作りが早急に必要になると思います。『また明日』には多くの人が常時から出入りしている。つまり、人のつながりがあります。目の前には公園もある。何かあったとき、あそこなら、地域のケアの拠点としても十分に機能していくことができると思います。

私は東日本大震災の年に定年退職して、再任用で災害時要支援者の支援システムづくりに数年関わっていました。その時、消防団の部長もしていたので、森田（和道）さんともよく話しました。災害時に命を守る重要なポイントとして、これからは地域づくりや町づくりが大切になっていくと。介護保険、障がい福祉など、それぞれがバラバラに動くのではなく、いかにつながるかが重要です。「また明日」のような場所がいくつか地域にあれば、地域包括支援センターがそういう拠点と繋がりながら、医療も福祉も生活保護も、災害時の支援もできるようになる。行政だけではやりきれないところを、そのようにして民間と連携していくことが必要です。

『また明日』のすごいところは、地域の人たちもあそこが必要だと心から思っているところ。地域の皆さんが差し入れを持っていくのも、ボランティアとして参加しているのも、彼らの活動に共感して、ああいう場所が地域にあることをみんなが望んでいるから、そして、これからもあり続けて欲しいと思っているからだと思います」

震災後、森田夫妻は、NPO法人こがねい市民発電の協力のもと、「また明日」にソーラーパネルを設置した。地域の人が、せめて通信機器だけでも充電できるようにしたいと考えた。そして、被災時に地域の明かりが消えても、ここだけはみんながホッとするような明かりを灯せるように。「また明日」という場所そのものが、みんなの心の支えになることを願って。

「食・学・活きる　みんなの居場所　また明日」

震災後、地域のつながりの広がりは加速度を増した。「また明日」に出入りする人たち、スタッフ、そして森田夫妻は、何かを思いつくと、できない理由を探すのではなく、どうすればできるかを考える。とにかくやってみる。そうすると大抵のことはできてしまう。

毎月第3水曜日に、「食・学・活きる　みんなの居場所　また明日」をスタートさせた。「みんなの居場所」では、36年間地元で個人塾を開いていた亘理さんがボランティアで先生となって、宿題や勉強を見てくれる。そして、夕食も子どもも食堂のような形式で子どもも大

カレー
ゴーヤチャンプル
トウモロコシ
スイカ

人もそこにいるみんなで一緒に食べる。

「ここで勉強を教えることになったのは、私がちょうど塾を閉めてすぐの頃でした。塾を閉める前、今から5、6年くらい前から、世の中が変わって来たという感じがありました。塾の月謝を払えない子どもが出てきていたんです。ですから、塾を辞めてからも、どこか、無料で子たちに勉強を教える場があるといいなと思っていました。夕食の時間になるまで、その日に来た子どもたちがやりたい勉強をするようにしています。もう一人先生がいらっしゃって、他にも大学生や高校生が手伝ってくれます。塾のときの教え子が来ることもありますし、眞希さんが知り合いに声をかけてくれることもありますね。低学年のときからここに遊びに来ているお子さんもいらっしゃるし、この日だけ来るお子さんもいますよ」

小中学生だけでなく、高校生もくる。宿題を片付けてあとはゲームをして過ごす子もいれば、友達とおしゃべりしている子もいる。

「それでいいんです。みんなの居場所だから。大きい子達は真面目によく勉強しています。小さい子はまだ遊びのほうが楽しそうだけど。でも今はみんな真面目になりましたね。

昔は小金井も荒れていました。私は中学校の番長くんにも教えていました。とってもいい子で勉強もよくするんですけど、バイクで走り回っていたって学校の先生には聞きました。でもその子も、私が塾を辞めるときに背広を着て会いに着てくれたんですよ。40代くらいだったかしら。『俺のこと覚えてますか』なんて言ってね。誰が忘れるもんですかって笑い合いました。そんな時代もありましたね」

亘理さんは、今も、ここで勉強を見ながら、一人一人に丁寧に声をかけ、その子のいいところを伸ばしていく。誰かが自分を優しく見ていてくれることで力を発揮できるのは、子どもも大人も同じだ。

「勉強が少しできるようになるとね、みんな変わるんです。自信もついて、学ぶことが楽しくなっていくのでしょうね。人間ってね、集中して一人で机に向かう時間って大事だと思うんです。勉強じゃなくてもいいんですけど、何か一つ、集中してできることがあるといいですね。この地域の子どもたちは幸せですね。こういう居場所があって」

亘理さんも、毎回夕食を一緒にとる。子どもも大人も無料だが、貯金箱にカンパも大歓迎だ。料理をするボランティアは固定メンバーで、バランスの良いメニューを考える。小中学生を始め、親子でも誰でも参加もでき、保育所を利用している保護者も、お迎えに来てそのまま夕食を食べて帰ることもできる。

「毎日、仕事が終わってお迎えに来て、急いで帰ってご飯作って。もう、息をつく暇もないので、お迎えに来てそのままここで夕食を食べられるなんて本当にうれしい。今日初めて来てみたけれど、月に一回でもこういうことができると気持ちが楽になります。おしゃべりしていたらご飯が出て来て、みんなでワイワイ食べられるし、最高ですよね」

お母さんの帰りが遅い子や、亘理さんに勉強を教えてもらった子もみんなでご飯を食べる。ご飯を食べたら少し遊んで、8時までにみんな解散。子どもだけで来たときは、家の人に迎えに来てもらうか、同じ方向の大人と一緒にまとまって帰るようにしている。

地域をつなげる「夏休み木工チャレンジ」

地域をもっとつなげたい。そう考える人たちは、実は地域のあちこちにいる。点をつなげていけば線になり、線をつなげると面になる。そしてそれがたくさんつながればまあるくなって転がりだす。雪だるまのようにどんどん膨らんでいく。

2015年から始まった「夏休み木工チャレンジ」は、毎年小金井市内で開催されている小学校6年生以下を対象にした木工コンテスト。木工キットを購入し、オリジナル作品を作って応募する。応募された作品は全て展示し、小金井市長や建築家、大工、おもちゃコンサルタントなどの審査により、10作品が選ばれ、表彰されるイベントだ。

小金井市内の工務店、タカキホームの高木さんが発起人となり、その仲間たちで木工チャレンジ実行委員会を結成し、始動した。「また明日」もそのメンバーだ。

高木さんは当時の思いを熱く語る。

「きっかけは二つあって、一つは、大工という職人が25年前には80万人いたのに、今は30万人くらいしかいなくなってしまったということです。このままだと20年後には10万人になると言われている。大工が少なくなったら、工場でキットを作って、同じような家をプラモデルのようにただ組み立てるだけの家づくりになってしまう。まずは子どもたちに、自分で作るものづくりの面白さを知ってほしいという思いがありました。

もう一つは、いろんな大手企業に効率や安さで持っていかれて、地元の商店の元気が無くなっているのをなんとかしたかった。地域で子どもたちやそのお父さんお母さん、お年寄りまで、みんな顔が見えるようになったら、信頼できる人に安心して仕事を頼める。商店街も活性化できる。それだけじゃなくて、お互いに見かけたら声をかけたり、見守りのネットワークもできる。災害が起こった時や困った時に、顔を知っているだけで助け合うことができる。そういうことができないかと思ったんです」

集まった仲間はもちろんみんなボランティア。小金井で地域のつながりを作りたいという思いを抱く人たちが積極的に動き出した。眞希さんも初年度から会議に参加し、アイデアを出した。

「子どもたちに、作る喜びや発見する喜びを伝えよう！」

同じ形の木材片で基本セットを作る。セットをどんなものにするかは「また明日」に出入りしている子どもたちで何度か試作してブラッシュアップした。チラシのデザインをどうするか、どんな写真にするか、みんなそれぞれの仕事の技術や知恵を持ち寄り、試行錯誤しながらイベントを組み立てた。それぞれが得意な分野のアイデアを出せば、何倍もの力になる。初年度の会議は11回。仕事の後に集まって、熱い議論を交わした。

木工キットを買える商店は協賛しているお店だ。子どもたちや親子が木工キットを買いに行く。そこで顔がつながる。もしそこが文房具屋なら、普段は大手のスーパーやインターネットで買う文房具も、ついでに買って帰るかもしれない。1年目に4か所だったキットの販売場所は2年目に8か所となり、3年目には17か所、2019年には24か所になった。

今、小金井では誰もが知るイベントとなり小金井市や小金井市教育委員会も後援するようになった。基本の木工セットの他にも、無料でさまざまな追加の材料を提携しているお

自由につくって応募しよう！
作品を提出すると「オリジナル缶バッヂ」がもらえるよ！
参加のしかた
1 キット購入
キット購入したら、チャレンジスタート！
7.1 月 〜販売開始
2 自由につくる
作品テーマは自由！基本の材料以外にも、自由に材料をプラスしてつくってOK！
3 作品を提出
8.17 土 ▶ 19 月 10:00〜17:00
4 展覧会にかざられる
8.19 月 ▶ 23 金 10:00〜17:00
5 入賞作品発表
表彰式に参加する
入賞作品には賞状、メダル、すてきな賞品をプレゼント！
8.24 土 15:00〜16:30
参加費：基本材料付き 500円
対象：小学校6年生以下
定員：先着 500名
木工キットをゲットして、自分だけの作品をつくろう！
材料を足すのも自由！
できた作品は展示されます！

つくってドキドキ
あそんでワクワク
夏休み木工チャレンジ
集まれ小さな芸術家たち 2019
7.1 月
キット販売開始
最新情報はWEBサイトで！
http://mokkocha.com/

店で手に入れることができるようになり、子どもたちはその材料を探しに町を歩く。どこにどんなお店があるかを知るようになった。

思い描いたことが、実現した。「木工チャレンジ」を機に顔を合わせる機会が増え、店の人と地域の人がつながっていく。地域の大人たちがつながり、子どもたちと地元の商店がつながった。家にキットを持ち帰って、家の人と相談したり一緒に作ったりすることで、家族もまたつながっていく。両親や祖父母もまた、商店に立ち寄るようになる。

木工チャレンジのイベントのために、「また明日」を訪れる若者たちが袋詰めや応募作品の受け渡しを手伝うようになった。「また明日」のスタッフで、音楽療法士でもある小川さんは、「木工チャレンジ」のテーマソングを作詞作曲した。

そして何よりも、こうしたイベントを通して、小金井の街に知り合いが増え、あいさつを交わす人たちが増え続けている。

「地域の子どもやお年寄り、障がいのある人たちのことを考えているのは、専門職の人間だけじゃないと思うんです。お肉屋さんでも、居酒屋のマスターでも、地域のいろんな人をよく知っています。いつもくる人が来なかったら、あの人最近見かけないなとか、商店街を一人で歩いていたら、今日はいつもと様子が違うな、どこいくんだろうと気づくことができる。そういうネットワークができていく。『また明日』のお年寄りがお一人で歩いているところを見つけてくださって、商店の方から電話をいただいたこともあります。何かあった時にも、そうやってみんなで助け合えると安心ですよね」（眞希さん）

昭和のつながり、令和のつながり

「また明日」には、多くの見学者がやってくる。市区町村のさまざまな課の担当者、保育所や高齢者施設の職員、厚生労働省の人も見学に来る。雑誌や新聞、テレビの取材。大学生が調査研究にもやってくる。

「衛生面は大丈夫ですか」

「区分けはどうしているんですか」

「不審者は侵入して来ませんか」

「何かあったらどうするんですか」

「これはちょっと、ほかでなかなか真似できませんね」

「森田夫妻だからできることですね」

そう言って帰っていく人も多い。どうしてだろうと眞希さんは不思議に思う。いつ起こるかわからないリスクの心配をして、それを上回る面白い出会いの機会を手放すことの方がリスクではないかと思う。

眞希さんは、東京都練馬区の団地で生まれ育った。第2次ベビーブームの昭和44年生まれである。団地には子どもたちがたくさんいた。放課後や休日には年齢の違う子どもたちが一緒に遊ぶのがいつもの風景だった。

「その頃はまだ、子育てひろばも一時保育もなかったので、みんなで声を掛け合って子育てするしかなかったんだと思います。当時の大人たちの知恵ですよね。大きい子は小さい子をおんぶしていたし、きょうだいじゃなくても小さい子の面倒を見ていました」

眞希さんの母親は、団地の近くの乳児院の子どもたちを定期的に家に連れて来た。近所の子の親が仕事で遅くなるときは、家で一緒にご飯を食べた。地方の故郷に帰らなければならない用事がある家の子も気軽に泊まりがけで預かっていた。「ただいま」と家に帰ると、誰かしら家族以外の人がいた。眞希さん自身も、地域のおじちゃん、おばちゃんたちに見守られていたという。

「私の母はおせっかいな人で、共働きの家の子の授業参観にまで代わりに行っていました。近所のお年寄りが困っていると聞けばすぐにいく。それが当たり前だった。でも持ちつ持たれつですよね。困ったときはお互い様ということが当たり前の時代だったこともあると思います」

眞希さんは赤ちゃんをあやすのが得意で、泣いている子をすぐに泣き止ませることができた。他のお母さんたちからほめられうれしかった。買い物に出かけようとする近所のおばちゃんを見つけると、「見ててあげるよ」と子守をして、お駄賃におやつをもらっていた。小学生の頃から、小学校の教員か保育士になろうと思っていた。

子どもでも大人でも、誰かのために何かができる。自分より弱い立場の人からも、学ぶことができる。

今、当時と同じような環境は見当たらない。近隣に誰が住んでいるかはわからない。町内会のつながりも希薄になった。人は世代や年齢ごとに分けられ、他の世代の人たちと関わる場所はないに等しい。安全、安心を理由に、私たちは人を分けてきた。知らない人は怖い人になった。人を分ける一番の理由は管理しやすいから。効率を求めて私たちは分けられてきた。そして全ては自己責任と言われるようになった。みんな、自分のことだけしかしなくなった。社会にひずみが生まれている。

「偏った安心・安全」と引き換えに、私たちは何を犠牲にしてきたのだろうか。「全ての人がよりよく生きること」を犠牲にしてきたことにそろそろ気づくべき時だ。誰かの役に立つこと、誰かの助けになること、誰かに必要とされることは、喜びでもあることを私たちはどこかに忘れてきてしまった。それは子どもでも、お年寄りでも同じことだ。

人を分けずに一緒に居られる場所が、これからの社会には必要だ。行政にできないのであれば、市民やNPO団体などが自分たちの手で新たに作り出していくしかない。

「お年寄りだけ、子どもだけなら安全でどうしていろいろな人がいるだけで危険だと思ってしまうのか不思議です。『また明日』では、開所以来大きな事故はありません。もちろん、そのためには職員同士のコミュニケーションはとても大事ですし、そこに至るまでの指導やそれぞれの学びも欠かせません。一番大きいのは職員の割合です。スタッフは基準の倍くらいの人数を配置しています。ですからもちろん儲かりませんが、豊かなつながりや場づくりはできていると思います」（眞希さん）。

一方、和道さんは、大阪生まれの大阪育ち。よく覚えているのは小学校2年生の時のことだ。クラスにダウン症の男の子、補装具をつけている子、車椅子に乗っている子がいた。普通に生活する中に障がいのある子どもたちがいた。みんなで一緒に遊び、できないこと

は手伝った。そういう存在の人たちに対する仕事があるのなら、そういう仕事についてもいいなと幼いながらにぼんやりと考えていた。

「昔は良かったと言われることもよくありますが、私たちが子どものころが今より良かったかというと、そうではないところがたくさんあります。受動喫煙は当たり前、性犯罪被害者やLGBTへの理解もなかった。障がいがある人への差別だって多かった。それに比べれば今は随分多様な人が生きやすい時代になったと思います。外国からもたくさんの人がやってくるようになった。この時代にお互いの違いを認め合いながらもう一度つながり直すことで、より住みやすい社会ができるはずです。

お年寄りや障がいのある人ない人、文化の違う人、いろいろな人たちと一緒に育っていく子どもたちが成人して社会の中心で活躍する時、幼いころに触れたお年寄りの眼差しや障がいのある人の存在が、必ずどこかに生きてくる。そうすれば今よりももっといろんな人に優しい社会になるし、そこで育った子どもたちは未来にもっといい世の中を作ってくれる。そうなるといいなという思いがあります」（和道さん）。

見学に来た人たちは、「理念は分かりますが、実際に運営していくにはよっぽどの覚悟が必要ですね」と、「覚悟」という言葉を口にする。何かあった時、施設の責任者として責任を取る覚悟のことである。

もちろん、森田夫妻は、責任を重く受け止めながらこの環境を整えている。しかし、「覚悟」という言葉は少し違うのではないかと、「また明日」の活動を長く見守り続けるルーテル学院大学学長の市川一宏さんは話してくれた。市川さんは、地域福祉や社会福祉を専門としている。

「彼らを動かしているのは、『覚悟』ではなく『信念』だと思います。こうすることで何かあった時に責任を負わなければいけない『覚悟』というよりは、いろいろなものを排除して管理するよりもこのほうがいいという『信念』。そういうものが感じられます」

和道さんは、別の機会にこう話してくれていた。

「社会を変えていこうとか、そういう大きなことを考えるのではなくて、自分は、こうしようと思うことを行動に移すことを大事にしています。私が福祉の勉強を始めたころ、自分にとって衝撃的な出来事があったんです」

福祉の学校は夜間だったため、和道さんは昼間は配達のバイトをしていた。ある日、学校に間に合うようにと急いで運転をしていたが、おばあちゃんが目の前の横断歩道をゆっくりゆっくり歩くので、信号が変わったにも関わらず発進できずにイライラしていた。すると、後ろのトラックから運転手のおじさんが降りてきて、おばあちゃんの手を引き、どうぞと案内したのである。和道さんは自分に腹が立った。

「あかんなあ。福祉の勉強してるのに、俺、何してんねん」

あの運転手のおじさんは今も和道さんの心の中にいる。

「大事なのは、福祉の知識や思いではなく、目の前のおばあちゃんが一生懸命歩いていることに対する共感や、実際に目の前の人と一緒に歩いていく姿だと思ったんです。あのトラックの運ちゃんのようにありたいと思っています」

「また明日」の保育所や寄り合い所に通った子どもたちが肌で感じたことは、一人ひとりの中でゆっくり確実に育っていく。お姉ちゃんやお兄ちゃんに憧れて真似をしたこと、お年寄りに何度も絵本を読んでもらったこと、犬や猫と遊んだこと、いろんな人に声をかけてもらい、大切にされたこと。表面的なやり取りではなく、本質的なこととしてその子の中で育まれていく。そしていつか、タンポポが綿毛となって、風に乗ってタネを飛ばすように、一人一人が社会に出て、その思いが広がっていくのかもしれない。

最後まで一緒に考える

「また明日」には、地域の困りごとや相談もいろいろなところから持ち込まれる。地域の人たちだけでなく、行政の人たちからも相談される。あそこに行けば最後まで一緒に考えてくれる。みんなそう信じている。社会福祉協議会の職員や保健師からの相談も多い。

これがまた、大抵のことはなんとかなってしまう。森田夫妻だけが身を削ってなんとかするのではない。「また明日」で生まれた「人のつながり」があれば、自分でできないことは誰かに助けてほしいといえばいい。

困りごとを相談されると、眞希さんや和道さんは、「ああ、それならあの人に相談したらどうだろう」「あそこは無理だと思うけど、誰か知ってるかもしれないから聞いてみよう」とすぐに電話する。すると、その人が難しくても、またその人が誰かに声をかけてくれる。

取材に通っている間には、そんな場面が日常的に何度も繰り広げられていた。

「うちじゃ難しいけど、あの人ならできるかもしれない」

「それはできないけど、これくらいならできるよ」

それぞれの人がまた考えて、できることを探す。担当があるわけでもなく、何も分けていないので「うちの管轄ではありません」と答えることは絶対にない。

「90歳や100歳の方と過ごしていると、大抵のことはなんとかなるさと思えてくるんです。だから、困りごとがあっても、きっとなんとかなるし、みんなでなんとかしようと動く。そうしていると、不思議なことに、なんとかなっちゃうんですよね」(眞希さん)

私たち人間は、本来、こうして生きてきたのではないか。小学校などで、「自分のことは自分でしよう」と教えられるが、自分のことを自分だけでやっている人なんてこの世の中に一人もいない。食べ物も、着るものも、住むところも、移動手段も、みんな誰かの手によって支えられている。自分で生きていけなくなれば、誰かの手を借りればいい。誰かに必要とされることは、その人にとってもうれしいことだ。

前出の市川さんは、森田夫妻はこれからの地域作りのモデルになると話してくれた。

「これからはワンストップで受け止める仕組みを作らなければならないと思います。そのためには、森田夫妻のように人をつなぐ人が必要です。例えば、生活支援コーディネーターと名前だけつけても、結局はその人によって働きはずいぶん違ってしまいます。

『また明日』の森田夫妻は、ネットワークをしっかりと地域に作るところから始めている。

通常、行政は縦割りですから、持ち場と違う部署にはネットワークがほとんどないのが普通です。

森田夫妻のような働きは、これからの地域共生社会で必要となる地域福祉コーディネーターのモデルといってもいいでしょう。まずはしっかりとしたネットワークを作るところから信頼が生まれる。そうでなければ、誰か助けてと言っても誰も受けることができない。彼らを見てきた人たちは、彼らが、全ての人が希望を持って生きていけるような居場所を作ろうとしていることを深く理解して信頼しているのです。その信頼こそが地域をつなげる際に重要なのだと思います」

第4章

幸せに生きて死ぬということ

～主体的に生きる～

3歳の女の子とおばあちゃん

保育所はお家の人が送迎することになっている。それができない時には「また明日」では、なんとかできる方法を一緒に考える。大雪が降り積もり、職場から帰るのが遅くなるというお母さんから連絡が入った時、和道さんはこう答えた。

「いいよ。遅れるのはいいけど、この雪の中来られる？　〇〇ちゃん乗せてお母さん迎えに行って、家まで送ってあげるよ。車のタイヤ、スタッドレスだから」

そうして子どもを乗せて、駅までお母さんを迎えに行き、二人を家に送り届けた。その途中で雪に埋まってスタックしている他の車を掘り起こすのも手伝っている。

「また明日」ではそんなことが時々起こる。

ある時は、下の子を妊娠中のお母さんの体調が悪く、そんな中、お父さんが出張になってしまったので、3歳の女の子も数日間家まで迎えにいくことになった。お年寄りの送迎のついでだ。

その時の女の子とおばあちゃんのやり取りが、今でも眞希さんの心の中に刻まれている。

当時、子どもたちの間では「オッパッピー」が流行っていた。小島よしおという若手芸人の一発芸である。おばあちゃんと女の子は後ろの席に座り、眞希さんは運転しながらバックミラー越しに二人の様子をチラチラと見ながら話を聞いていた。

「オッパッピーって知ってる?」

「あらなあに、面白いねえ」

その子はおばあちゃんに、「こうやるんだよ」と、オッパッピーについて教えてあげた。

次の日も、二人が乗った時に女の子が「オッパッピー」というと、おばあちゃんが「あら、それなあに。面白いねえ」と言う。

「おばあちゃん、覚えてないの? 昨日も言ったじゃない。おばあちゃんって、なんでも忘れちゃうんだねえ」

眞希さんは運転しながら、「あらあら」と心の中でつぶやく。女の子は続ける。

「でもね、おばあちゃん、心配しないで。Nちゃんが、なんでも教えてあげるから」

「あらそう。Nちゃんは、おばあちゃんの先生だねえ」

「おばあちゃん、おばあちゃんにはお母さんはいるの?」

「おばあちゃんにお母さんがいたら、うんとうんとおばあちゃんになっちゃうよ」

「そうかあ」

その日はそこで到着。そしてまた次の日も、女の子はおばあちゃんに話しかける。

「ねえおばあちゃん。おばあちゃんにはお父さんはいるの？　お母さんもいないし、お父さんもいないんだったら、おばあちゃんはひとりぼっちなの？」

「おばあちゃんには息子がいて、嫁がいて、一緒に住んでるんだよ」

実はその頃、そのおばあちゃんは、息子に妻がいて一緒に暮らしていることを時々忘れてしまっていて、よく「息子が一人で待っているから早く家に帰らなくちゃ」と言っていた。女の子の前で、ふと思い出したのだろうか。

「おばあちゃんっていくつなの？」

「92歳」

「ふうん。その次はいくつになるの？」

「93歳」

「へえ、その次は？」と何度も聞いて、「99歳」まで行ったとき、女の子はこう言った。

「じゃあ、そのあとは終わりだね」

「そうだねえ」と言って笑うおばあちゃん。

眞希さんは口を挟まなかったが、運転しながらハラハラ、ドキドキ。

しばらくするとまた女の子が口を開く。

「おばあちゃんのお母さんが死んじゃったのなら、おばあちゃんも死ぬの？」

「死ぬよ」

「じゃあ、Nちゃんもいつかは死ぬの？」

「元気な足があるからまだまだ死なないよ。それに、おばあちゃんになってもいいこといっぱいあるんだよ」

「へえ。どんなこと？」

「こんなにかわいい子から、おばあちゃん、おばあちゃんって言ってもらえることだよ」

そのおばあちゃんの家で、眞希さんがそのことをお嫁さんに伝えると、いつも「子どもたちどうでしたか」と聞いても「子どもなんていないわよ」と答えていたのに、最近は「子どもって何言うかわからないわねえ」と言って、笑っていたという。

女の子のお父さんが出張から帰ってきたとき、お父さんとお母さんにもこのやり取りを話したところ、その女の子にとってのおばあちゃんが最近亡くなったことがわかった。

「おばあちゃんが亡くなって、赤ちゃんが生まれてくることをあの子なりに考えていたのかもしれない」とお母さんは話した。

そして、「私たちにはそんなこと聞いてこないんですけどね」と言う。

「でも、そのおばあちゃんに聞いてくれて正解だったかも。私たちに聞いていたら、そんなこと言うもんじゃありませんって言っちゃっていたかもしれない」

眞希さんは、その女の子がおばあちゃんとそのタイミングでそういうやり取りができたこと、そのやり取りを聞けたことをうれしく思っていた。

今、そのNちゃんは中学生。弟が二人いる。きょうだいの面倒をよく見ている。今でも年に一度、「また明日」にお母さんと一緒に遊びにきてくれる。

死んでしまういのち

「また明日」には生き物がたくさんいる。

ソファの横に置いてある水槽には海水魚がたくさん泳いでいたこともあるそうだが、私が取材に通い始めた頃は、大きな水槽の中に1匹だけ、小さな海水魚が泳いでいた。

えんちょー先生は時々、誰も思いつかないようなことを思いつく。その小さな1匹もいなくなってしまったある日、イキのいい食用のアサリ（観賞用は見たことがないが）を買ってきた。みんなが「せっかくの水槽に何もいない」と言うので、ならば、と思い立ったらしい。「アサリは水質を良くしてくれるんだ」と説明しながら水槽の中にザザッと入れる。いつもはお味噌汁に入っているあのアサリが、水槽の中でモゾモゾと動いて砂に潜っていく様子を子どもたちがじっと見つめる。でもいつの間にか、みんな死んでしまった。

とても人気者だった猫の「ちまちま」は、2年と少しだけ「また明日」で過ごした。工事現場の人に拾われてここに来た。手のひらに乗るほどの小さな子猫が1年で大きくなっていく様子を、子どもたちは毎日見ていた。ケージの隙間からそっと撫でたり、じゃらし棒や紐を入れて一緒に遊んだ。

保育所の子どもたちも、放課後にやってくる小学生も、「ちまちま」のことが大好きだった。みんなのアイドルだった。2年ほどで、元々持っていた骨の病気で死んでしまった。「ちまちま」がいたケージは空っぽになって、ぽっかりと寂しくなった。久しぶりに遊びに来た小学生の女の子たち3人が、「ちまちま」が亡くなったことに驚き、「ちまちま」に手紙を書きたいと言い、眞希さんに紙をもらってその場でこんな手紙を書いた。

ちまちまとはじめて会ったとき「かわいい」と思ったよ！　もうあれから一年も経っ

たなんて思えない！　ちまちまは、はじめて会った時から、「また明日」に来るたびに、どんどん大きくなってびっくりしたよ！　ちまちまがいなくなって悲しいよ。もしまた会えたら、いっぱい遊びたいな。

４年の時にはじめてちまちまに会ったね！　あれから１年経ったけど、もう少し遊びたかったな〜。１年経ってまたきたら、ちまちまはすごく大きくなっていてビックリしました。はじめて会った時はすごく小さくて、ずっと見ていたときもあったよ！「また明日」をずっと見守っていてね！

ちまちま、元気にしてる？　私は元気にしてるよ！「亡くなった」ってきいてびっくりしたよ。でもよくここまで生きたね。すごいね。『よく生きたね』賞をおくりたい！会えなくなっても大好きだよ。たまに「また明日」に遊びに来てね。私のうちにも猫（むぎ）がいるの。もしそっちに行ったら仲良くしてやってね。でもむぎには、ちまちまの分も生きてもらわなきゃね！

「ちまちま」への手紙は、「ちまちま」の骨壷と写真の横に、ピンクのかわいい花籠とともに、そっと供えられていた。

若年性認知症の母

「また明日」のデイサービスに通う人はお年寄りだけではない。若年性認知症の利用者もいる。長期間通う人もいれば、数か月で「また明日」を離れる人もいる。

2017年の暮れから3か月間、「また明日」のデイサービスに通った美紀さんは、当時56歳、若年性認知症だった。

美紀さんの息子と娘が小学生の頃から仕事を始め、娘が結婚する2年ほど前に歯科助手の仕事を辞めた。ある日突然のことだった。

「もう辞めた」

以前は、仕事が忙しくても、料理が大好きで手を抜かなかった。仕事をする前は趣味でトールペイントをしたり、それを友人たちに教えるほど手先も器用だった。仕事を辞めて以来、めっきり料理もしなくなった。車の運転も怖いといってやめてしまった。自由な時間を持て余し、これと言って趣味もなく、家でゴロゴロとしている日が続いていた。そして時折、「もう生きていても楽しくない」とこぼすようになった。

娘の彩奈さんはそんな母親を心配はしていたが、25歳で結婚したいと報告した。お付き合いしている人がいるということを喜んでいたが、結婚して家を出ると伝えた頃から、怒り出すようになった。その頃から認知症が発症していたのかもしれない。彩奈さんには理由がわからず、「母とぶつかることが増えてしまった」という。しかし、家に彼を連れてきたり、相手の両親に会わせると、美紀さんはニコニコと受け答えをしていた。

結婚後、家を出ると、仕事中に何度も母の美紀さんから着信があり、実家に電話をすると、美紀さんが「電話してないよ」と言うことが増えた。一人暮らしになっても、身の回りのことや生活はなんとかできているようだったが、時折実家に帰っても、食事を作ることもなく、何度も同じ話をする。彩奈さんは美紀さんの様子が気になって、病院に行こうと誘ってみた。しかし美紀さんは、病院には頑として行かないと言う。

娘の彩奈さんだけでメンタルクリニックに相談に行って症状を話すと、うつ病か若年性認知症の可能性が高いが、本人に会えないとなんとも言えないと言われた。そこから本人が病院に行って若年性認知症だと診断されるまでに1年以上がかかった。

美紀さんの70代の母親が元気だったため、埼玉から時折様子を見に来るようになった。美紀さんは仕事をしていないので貯金が減っていく。経済面への不安が募り、銀行から引き出したお金を家のあちこちに隠す。見つからなくなると彩奈さんがとったのではないかと疑いはじめた。家の鍵を替え、娘の彩奈さんを拒絶するようになってしまった。

診察を受けていた病院で、介護保険の申請をするように言われ、小金井市の地域包括支援センターに相談に行ったところ、取り急ぎ、デイサービスに通うことを勧められ、「また明日」につながった。彩奈さんはその頃をこう振り返る。

「デイサービスに通うといっても、高齢者が多いところでは母は若くて馴染めないのではないかと心配がありました。母は家で小型のチワワを飼っていて、犬のことは大好きでしたし、小さい子も好きだと話すと、ケアマネージャーさんが『また明日』がいいんじゃないかと勧めてくれました」

最初は、デイサービスの曜日を覚えられず、一人で自宅の犬の散歩に出てしまって夕方まで帰らないこともあったが、スタッフの高田さんが「また明日」のアンというチワワを抱えて迎えに行くと、少しずつデイサービスに来てくれるようになった。

「エプロンを持参してもらって、タイムカードを切って、働いていただいているようにしますねと、『また明日』の森田さんが対応してくださったこともあって、その後、母も少しずつ馴染んで、子どもたちと遊び生き生きと過ごしていると聞いて本当に安心しました。何しろ私は母とずっと会えない状態でしたから、様子がわからなくて」

娘の彩奈さんは、美紀さんの症状がひどくなってから、直接会うことはできていなかった。美紀さんがふらりとどこかに行って帰れなくなってしまうのではないかと不安で眠れないときもあった。妊娠もして、体調も不安定だった。

和道さんによると、美紀さんが「また明日」に通う前後から、美紀さんに関わる多くの人たちが連携し、二人がいい状態で再び会えるようにと力を合わせていたという。

「小金井にし地域包括支援センターの皆さん、小金井市社会福祉協議会の担当の方、ケアマネージャー、後見人、若年性認知症の専門の支援員さんなど、美紀さんに関わる皆さんが、同じ思いで緊密に連携を取っていました。私たちは、ご家族とご本人のお話をしっかりと伺い、それを元に、みんなで寄り添いサポートをしています。あの時は、家族を元どおりにすることが命題でした。『優しいお母さんにもう一度会いたい』という彩奈さんの思いを、みんながどうすれば実現できるかと考え、行動していたと思います」

そうしたバックアップと「また明日」に通う3か月間で、美紀さんは少しずつ変わっていった。

久しぶりの再会は「また明日」で

２０１８年２月のある日、彩奈さんは「また明日」で美紀さんと久しぶりに顔をあわせることになった。美紀さんは数日後に病院に入院することが決まり、「また明日」を離れる。二人だけで会うのではなく、「また明日」で会うのはどうかと和道さんは彩奈さんに提案した。入院前に美紀さんが美容院に行けるようにと手配もしていた。

しかし、彩奈さんは当初、お母さんに会うことをためらっていたという。

「私、妊娠していることを母に直接言えていなくて、入院する前に会って伝えたかったけど、母がどんな反応をするかちょっと怖かったんです。兄に子どもが生まれたとき、母はまだ元気で、とっても喜んでいて、彩奈に子どもが生まれたらこんなふうにかわいがってあげたいなって言ってくれていたんですけど、でもきっと覚えていないだろうなと思って。それに、お金を取ったと言われたり、家の鍵を替えられてしまったりしたので、どんなふうに会えるか想像ができなかった。そうしたら、森田さんが、美紀さんが『最近彩奈

が会いに来てくれない、連絡がないのよ』って言ってたから、『実は体調を崩していたみたいですよ。そろそろ連絡くるかもしれないですね』と言っておきましたよって。それで、私も会いに行こうと思えるようになりました」

「また明日」に行くのは初めてだった。「どうやって会えばいいんだろう」と緊張しながら引き戸を開けた。そこには小さな子どもたちがいて、おじいちゃんおばあちゃんがいて、犬が何匹もいた。カンファレンスで二度会ったことのある和道さんが彩奈さんを出迎えた。

「あやちゃん来ましたよ」と和道さんが美紀さんに言った。

美紀さんは一瞬止まって、彩奈さんを見た。彩奈さんは妊娠中だったので、風邪をひかないようにマスクをしていた。スタッフはみんな固唾をのんで二人を見守った。

この3か月、いろんなことがあった。記憶はこぼれ落ちていく。連絡が来ても忘れてしまい、「娘から連絡がない」と思い込んでいる美紀さんに、すべてのスタッフがていねいに寄りそって来たものの、実際に二人が会ったときにどうなるかは、誰にも分からなかった。

美紀さんはすぐにこう言って立ち上がった。

「あやちゃん〜。元気だった？　会いたかったよ！」

美紀さんは彩奈さんに自分から近づいて、やさしく抱きしめた。その場で見ていたお年寄りはワッと笑顔になり、スタッフ全員の目に涙があふれた。抱き合った二人の様子を見て、和道さんも涙をこらえるのがやっとだった。

座卓を囲んでお茶を飲みながら、二人で話すのをみんなで見守った。

鼻をかみながら、うるんだ目で和道さんが、切り出した。

「あやちゃんから、報告があるみたいですよ」

「実は、赤ちゃんができました」と彩奈さん。

「ホント? よかった!」と美紀さん。

みんなで、よかったね、よかったねと言い合った。

「暖かくなったら、赤ちゃん生まれるのねえ」

彩奈さんは美紀さんが美容院に行くのに付き添って、入院前に久しぶりに母娘でおだやかに過ごすことができた。何度も繰り返す話もあり、ぎこちない会話ではあったが、彩奈さんにとって、美紀さんは大好きなお母さんに戻っていたように見えた。

認知症だと美容院でのカットも難しいことが多いが、そこは、「また明日」のスタッフも何人も担当してもらっており、それまでに認知症のお年寄りのカットもお願いしている。

「そちらに切りにうかがいましょうか」とも提案してくれる美容師さんだが、和道さんは「サロンに出かけて髪を切るという特別感をご利用者さんに体験していただきたい」とお店でのカットをお願いしている。

この日も、美紀さんと彩奈さんの久しぶりの再会は、二人きりで緊張しながら話すのではなく、「また明日」でみんなの和やかな雰囲気の中や、カットをしながら心地よい空間で鏡ごしに少しずつ話せるようにという和道さんの配慮でもあった。

その夜は「食・学・活きる みんなの居場所 また明日」の日だった。「食べて行きなよ」と和道さんに言われ、彩奈さんも残って食事をすることにした。食事をしながら、彩奈さんはポツポツと和道さんに抱えていた思いを伝えた。

「私、後悔しかないんです。もっと早く病院に連れて行けばよかった。結婚してから仕事で忙しいってあまり帰らなかったけど、もっと帰っておけばよかった。もっと料理を教えてもらえばよかった」

和道さんは言った。

「そんな後悔は、これからもあるよ。僕たちも、あの日こうしていればと思うことがいっぱいあるよ。それは今後もきっとあることだから」

彩奈さんはそれを聞いて、とても気持ちが楽になった。そしてさらに、「あれから、少しでも後悔しないようにできることをやろうと思って動いている」と言う。そして、同時に、「これからも後悔することはいっぱいあるよ」と言った和道さんの言葉が胸に残っている。

「私、本当に、あの日、『また明日』で母にあのような形で会うことができてよかったと思っているんです。そして、私たちが会うところを皆さんが見てくださって、そして心から、『本当に良かったね』って言ってくださった。あの場にいたおじいちゃんやおばあちゃんも『良かったね』って言ってくださった。それが本当にうれしいんです」

美紀さんの入院後、実家に久しぶりに足を踏み入れた彩奈さんは、部屋の様子を見て胸がいっぱいになった。そこには、美紀さんが子どもたちと一緒に散歩に出かけ、拾ったドングリや小枝で作った小物やリースがたくさん飾ってあった。

「ああ、母は『また明日』でとても楽しい時間を過ごしていたんだなってわかりました」

その後、美紀さんは退院して小金井市内のグループホームに入所し、穏やかに過ごしている。彩奈さんは元気な赤ちゃんを出産し、夫とともにその子を連れて「また明日」に遊びに来たと言う。

葉っぱのおじいちゃん

少し時計を巻き戻し、2017年4月。「また明日」のデイサービスに面白いおじいちゃんがやってきた。西森さん、88歳。西森さんは草遊びがとても上手で、草笛を吹いたり、笹舟を作ったり、葉っぱのお面を作ったりして、子どもたちをいつも楽しませる。楽しませるというよりも、西森さん自身が一番楽しそうで、子どもたちもそんなに楽しいのならやってみたいと、草遊びに引き込まれていく。ひょいと居なくなったと思ったら、外に出て目の前の公園から葉っぱを取ってきて、何かと作ってみんなを楽しませてくれる。すぐに子どもたちから「葉っぱのおじいちゃん」と呼ばれるようになった。

西森さんは昔から子どもや自然が大好きで、定年後も孫の面倒をよく見ていた。公園に遊びに行ったり、釣りをしたり、昆虫採集をしたりしていた。孫が大きくなると、近隣の小学校や幼稚園で竹とんぼやどんぐり人形の制作の指導をし、自宅でも木工工作サークルを開催するなど、充実した日々を過ごしていた。

しかし、80歳ごろから外食を嫌い、電車での外出を避けるようになる。頑固になって、言い出したら動かない。息子が駐在していたニューヨークに遊びに行ったときに息子を自

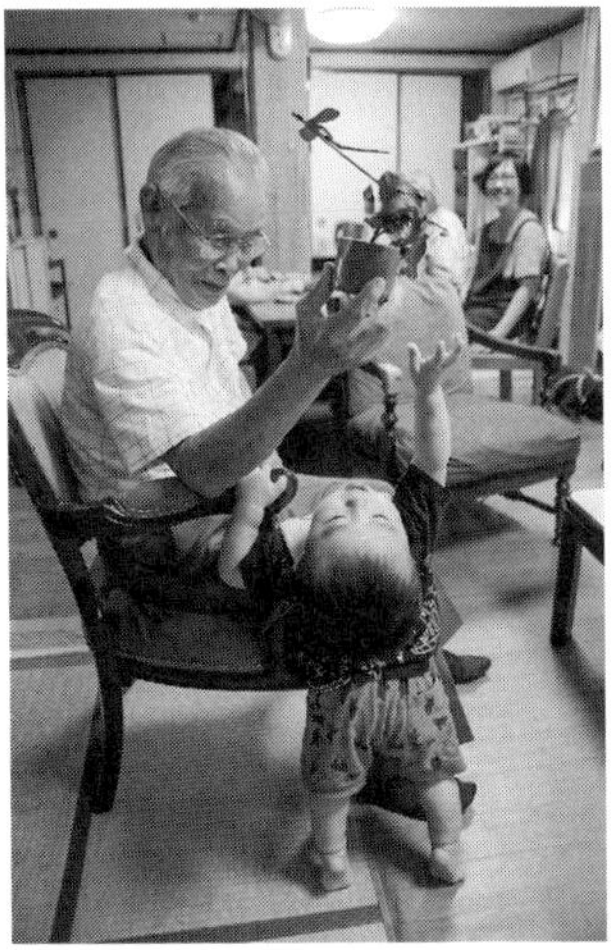

分の弟と勘違いし、一人で街を出歩き迷子になりパニックに。帰国後すぐに認知症の専門医にかかると、アルツハイマー型認知症と診断された。2011年のことだ。

それでも数年は、その時暮らしていた足立区のマンションから近隣の公園に一人で出かけ、子どもたちと遊んだり、銭湯にも一人で出かけたりしていた。お風呂に入らずただお茶を飲んでおしゃべりだけして帰ってくることもあった。デイサービスに行くことを勧めても、「人のお世話になるのは嫌だ」と絶対に行こうとしない。見学にさえ行かなかったという。

2016年末、小金井のマンションに引っ越した。若いころ家族で暮らしたことがあり、家族にとっても土地勘のある場所だ。しかし、引っ越す直前に血尿と嘔吐があり、診察を受けて検査をしたところ、胆管周囲ガンと診断された。

「完治は不可能、余命は半年から1年と言われました。一緒に暮らす母も高齢ですし、私の次男、つまり孫も一人同居しているのですが、デイサービスに通える場所がないかとケアマネさんに相談しました」

娘の真理子さんは、小金井市の地域包括支援センターのスタッフとケアマネージャーに、「子どもが好きなので、子どもとだったらうまくいくと思います」と伝えていた。そこで、だったらぴったりのところがあると勧められたのが「また明日」だった。

「子どもがいっぱいいて面白いところがあるのよと話して、なんとか行ってみることができました。父はピタッとフィットしたんでしょうね。ただ、ガンという病気も抱えていましたから、体調が悪く少し疲れているときは、『今日は絶対に行かないぞ』と朝から言っている日もあったようです。それでも、ピンポンとお迎えが来て、『西森さ〜ん』と聞こえると、『ああ、はいはい』と嬉しそうに出て行くと母がよく言っていました。私たち家族は、そんなに長くないだろうと覚悟をしていたのですが、余命の告知を受けてから1年4か月生きることができました。おかげさまで、父にとっては最後の時間を、『また明日』で本当に幸せに過ごすことができたと思います」（真理子さん）。

西森さんは、病院で長く働いていた。施設課でボイラーの管理や、事務の仕事をしていたため、人のお世話をしたり、子どもの相手をすることが身についていた。

「あれをしてはダメ、これをしてはダメと言われることがないので本当に良かったと思います。普通のデイサービスだと、外に葉っぱを取りに行ったりできませんよね。『また明日』に行った日はご機嫌で、まるで子どもが学校から楽しく帰ってくるようだったと母も言っていました。送ってきてくださったスタッフの方も、『今日も一日ありがとうございました』と父にお礼を言ってくださるんです。そうすると、父も『いえいえ、どうも』

なんて言ってね。乳幼児のためにボランティアに行っているると思っていたようです。自分がガンだということも、忘れてしまっていました。往診の先生が来ても、『私はどこも体の悪いところはないんですよ』と言っていました。とても幸せだったと思います」

西森さんの娘、真理子さんは、看護師でもある。訪問看護も経験があり、「看護と介護をまたがるような仕事をしてきた」という。

「いろいろな知識も経験もあるんですけど、家族となると自分の中のそういうものが邪魔をするんですね。こういう時にはこうすればいいはずだと思って、それを試してみたくなるんです。私も自分の仕事や自分の時間を削ってきましたが、『助けて』って言えば、助けてくれる人がいるんだということを改めて感じました。

父も、同居している母も、そして私たち家族も、本当にたくさんの人に支えられました。小金井ひがし地域包括支援センターの相談員さん、月に一度のケアセンターふれあい居宅介護支援、東小金井さくらクリニックの2週間に一度の往診、にじいろ薬局の月一度の訪問、必要に応じてこころデイサービス東小金井でのお泊り、そのほかにも、同居している母の疲れをためないためにも、母のデイサービスや生活介護で炊事をお願いすることもありました。私たち家族は、こうした全てに支えられました。

そして、『また明日』の森田さんご夫妻も、小さな子どもたちからお年寄りまで、一人ひとりを本当にちゃんと一人の人間としてみてくださっている。保育所も、デイサービスも、家族が楽になるためにただ預かるだけという感覚では、全く違う場所になってしまうと思います。お年寄りが穏やかに過ごして家に帰れば、家族もきっと穏やかに過ごせる。そんなことを考えてくださっていることがわかります。看護師としても学ばせていただくことがたくさんありました」

2018年3月30日、89歳で西森さんは亡くなった。

「とてもいい最期でした。父が働いていた病院に入院したので、看護師さんやチャプレンなど、父を知ってくれている方もたくさん会いにきてくださいました。亡くなる日も話すことができました。何よりも驚いたのが、夕方に吐血した時のことです。普通なら苦しくてベッドの布団にそのまま吐いてしまうと思うのですが、ベッドに吐いたら後片付けが大変だと思ったのでしょう。苦しい状態で、ゴミ箱を探して、布団を避けて吐いたんです。看護師さんたちには『信じられない。こんな患者さん、初めてです』と言われました。

私と母と兄と、私の次男が駆けつけることができて、モルヒネを追加してからも、最後に長く一緒に暮らしてきた母と次男の手を探してしっかりと握ってくれました」

「また明日」の子どもたちは、西森さんが来なくなると、散歩に行くたびに「西森さんこないねえ」「この葉っぱいいよね」と西森さんと過ごした時間を思い返していた。

西森さんが他界してから2か月半後、娘の真理子さんにお会いして、「また明日」で撮影した写真をお見せした。その翌日、真理子さんからこんなメールが届いた。

認知症により、自己主張・決定ができなくなった父を、良かれとは思っても、ボランティア活動と言って『また明日』に行かせていたことに対しては、家族の都合もあったので、どこか後ろめたさを抱えていました。

ですが、父の満面の笑み、また、スタッフやお子さんと穏やかな関係を築けていたことを写真から知ることができ、後ろめたさが、スーッと消えていきました。帰宅し、母と次男にいただいた写真を見せて、うかがった話をしました。

次男が、ぼそっと、『おじいちゃんは認知症になっちゃったけど、いろいろな人に助けられて、良い人生を送れたと思うよ。俺らもできることはしたと思うし…』と。

一人の人の死から、それぞれ、いろんなことを感じ、自分の人生についてもいろいろと考えてしまうものですね。

私たち家族が安らぎと前に進む元気をいただきました。

和道さんは、「私たちはもう、西森さんには二度と会えない」と小さな声で言う。

眞希さんは、「そして4月になると、また新しい赤ちゃんがやってくるんです。1年後には赤ちゃんが歩くようになって、また小さな赤ちゃんが来る。その繰り返し」と笑う。

私たちは、生まれて、生きて、死んでいく。季節が巡るように、いのちは巡る。一人一人のいのちには誰にも同じだけの価値がある。

「これからの社会にも希望はいっぱいあると思っています。みんな、一人ひとりが、幸せになってほしい。今この時も、絶望して、地獄のような日々を送っている人がいる。だけど、いつか誰一人としてそんな思いをしないような世の中になってほしい。私たちがやっていることがどうつながっていくかはわからないけれど」

和道さんは、みんなのいないところではそんなことを真面目に話す。でも、今日も変わらず、ダイエット中と言いながら、どら焼きやカステラをおやつの時間でもないのに一人でパクパクとつまみ食いをする。夕方になると床に寝転がり、いびきをかいている。

「また明日」は、まるでそれ自体がいのちのようだ。いろいろな人が入れ替わり立ち替わりやってきては去っていく。そこに来る人たちによって何が起こるかわからない。でもみんなで泣いたり笑ったりしながら、なんとか楽しく生きている。ほとんどの人が入れ替わっても「また明日」はずっと「また明日」だ。

よりよく生きていこうとする働きが、私たち人間には備わっているんだと、そんなことが信じられるような気がする。

「また明日！」と笑顔で手を振れるように、今日をしっかり生きていきたいと改めて思う。

対談「ぐうたら村」と「また明日」

「違い」が強みになる世界へ

対談

「ぐうたら村」村長

汐見稔幸

×

「地域の寄り合い所　また明日」代表

森田眞希

ぐうたら村とは

保育や教育をキーワードとして出会った仲間たちが始めた「身の丈にあった豊かで持続可能な暮らし」を模索し実践する場。自然環境豊かな山梨県北杜市の耕作放棄地1900㎡を2012年より少しずつ開拓し、現在に至る。「ぐうたら」の意味を辞書で引くと、「ぐずぐずしていて働く気力のないさま（人）」とある。これは、行き過ぎた「超」市場経済が生み出した世の中の忙しさや疲れに対するユーモアのこもった風刺である。パーマカルチャーや自然農の視点を取り入れた農的な暮らしの実践から楽しんで身体で学び、人と交流し、その豊かさをシェアしながら、保育とは？人間とは？を考えるまなざしを深める場を目指している。

人間の人生は分けられない

汐見稔幸（以下汐見） 森田眞希さんが代表を務めるNPO法人「地域の寄り合い所 また明日」は、これからの日本の社会を底辺から支えていく一つの新しいモデルだと思います。新しい実践形態でもあり、これまでにない組織でもある。ここで改めて「また明日」という組織をどういう思いで作られてきたのか、お話しいただけますか。

森田眞希（以下眞希） 夫の森田和道と私は、学生時代、上智社会福祉専門学校で福祉を学びました。当時からお互いに、「世の中は赤ちゃんもお年寄りも障がいがある人もみんな一緒に暮らしているのに、施設となると、保育所、お年寄りの施設、障がい者の施設と、それぞれに分けられてしまうのはなぜだろう」という疑問を抱いていました。そこから、「誰でも同じ場所と時間を共有できる場を作っていきたい」と考え始めました。

汐見 日本の社会では、それぞれ必要なサポートごとに人を分けて施設を作り、ケアやサポートをすることが一般的ですが、「分けること」に疑問を持ったということですね。いろいろな人が一緒にいることこそが、社会にとっては自然なことじゃないかというその感覚は、どんなところからきているのでしょうか。

眞希　福祉を学ぶ中で、福祉が非常に細分化されていることにも疑問がありました。もちろん、専門性を追求するためには細分化することがよい場合もありますが、人間の営みは、明確には分けられません。子どもの問題とお年寄りの問題を考えても、リンクすることはたくさんあります。また、分ければ分けるほどその境界線は増え、グレーゾーンも増えてしまう。さらに、その境界の溝に落ち、すくい取れない事柄が出てきてしまうんです。

汐見　細分化すればするほど、どこにも分けられないことも出てくるんでしょうね。

眞希　例えば行政でも、「その問題はうちの課の担当ではありません」と言われることがよくあります。もう少しフラットに、どんなことも「人間のこと」として、まず丸ごと受け止める場があり、人がいたほうがいいんじゃないかと思うんです。

汐見　学生時代からそういう思いが強くあったのですか。

眞希　はい。私と夫が通った上智社会福祉専門学校はカトリックの学校です。設立の趣旨には、「社会福祉とは、難しい立場で生きる、子どもや障がい児者、病人や高齢者などが、〝真に人間らしく生きること〟を願って、人々の「暮らしの〝仕合わせ〟」を社会の問題として捉えて、社会的連帯と協力、つまりは人間同士の「かかわり」によって実現する工夫と努力を重ねて、自分たちも、〝人間らしく〟生きることです」（上智社会福祉専門学校ホームページより）とあります。在学中は、隣人愛などに代表されるキリスト教精神に基づいて、一人ひとりの違いを尊重し、宗教、倫理、教育、保育、人間学などを学んだことも今につながっていると思います。

汐見　眞希さんや和道さんはクリスチャンなのですか。

眞希　夫は両親がクリスチャンでしたので生まれついてのクリスチャンです。私は結婚を機にクリスチャンになりました。私の家は般若心経でした。般若心経は人間が生まれて死んでいくまでのさまざまについての経典ですし、福祉の施設は、カトリックや仏教など、宗教をベースにした施設がたくさんありますよね。

汐見 キリスト教、仏教に限らず、いろいろな本物の宗教は、「昔から人間が求めてきた世界と現代の現実社会は、あまりにもずれている」と考えているのではないかと僕は思います。宗教が求めていた世界はとても大事な出発点で、彼らはきっとこんな社会を目指そうとしていたはずがない。そんな現代において、もう一度人間の心の原点に戻るための考え方の基盤として、宗教は大事だと僕は考えています。

すべての宗教がそうなのかは分かりませんが、キリスト教や仏教では、救われるべき人と救われる必要がない人を「分ける」ということはしませんよね。みな、求めれば救われるべきなんじゃないですか。

とはいえ、「分ける」ことが必要な時も実際にはあると思うんですね。例えば、病気になったら何の病気かを診断して薬を処方するとか、「分ける」ことで治療の仕方が分かりやすくなることは確かにあるでしょう。分けてみると見えてくることがある。ただ、そのまま、症状やニーズだけで分け、さらにそのニーズを満たすための施設や制度もどんどん分けていくと、そこに何かひずみが出てくるのではないかと思います。

眞希　そうですね。やっぱり人間の人生や毎日の営みは、分けられないこともあるし、一度分けても、お互いに共通するところや重なるところがたくさんあると思います。

汐見　今、子どもの教育の世界でも、普通の勉強についていけない子どもを「分ける」ようになってきています。そこには善意も含まれていて、その方が学習する上で効率的だということもあるでしょう。だけど、みんな一生懸命幸せに生きようとしている。その人にどんな個別のニーズがあろうと、人間として共通の部分がある。そこで、「あっ、同じだね」と感じられるところが豊かであればあるほど、「人間っていいな」と思える。だけど、細かく分けてしまうと、「同じ」ではなく「違う」ところばかり目に入ってしまうんですよね。隣人愛は、どんなに困っている人でも人間として「同じ」なんだということから始まっていますよね。

眞希　夫は、「赦しの宗教だ」とよく言います。隣人を受け入れるにはまず赦すことから。

「自分も罪を犯したこともある」「そういうこともあるよね、同じだね」と、傍らに一緒にいることだと思います。専門学校で学んだことも、「また明日」に通じていると思います。

汐見　仏教でもそうですね。親鸞聖人は、今で言えば生臭坊主です。だけど、「善人なほもつて往生をとぐ、いはんや悪人をや」（「歎異抄」より）と言っています。善人でさえ往生するんだから、仏を必死で求めざるをえない悪人が往生しないわけがないという意味です。親鸞が言っていることは、隣人愛に似ていると僕は思います。人間を「分ける」というのはある種の方便で、もちろん必要なことや役に立つこともあるかもしれないけど、それだけでは人間は幸せにはなれないということなんでしょうね。

子どもたちやお年寄りから教わること

汐見　実際に「また明日」を運営する中で大変なことはありませんか。

眞希　実は今日、汐見さんに見ていただきたい写真があって持ってきました。この写真は、

手遊びを子どもだけでしている様子です。このメガネをかけている男の子は3歳ですが、ダウン症で、おしゃべりができないのでまだ歌を歌えません。でもこの子たちの中ではリーダーシップをとって手遊びをしています。歌が歌えないのになぜ手遊びができたかというと、隣の2歳の女の子がこの男の子の手に合わせて歌っているんです。そうするとほかの子たちも一人また一人とやってきて、こうして楽しんでいました。この様子を見たとき、ダウン症の3歳の男の子がたとえ歌えなくても、それをフォローする子が隣にいればいいわけで、そのことをこの子たちはそれぞれの体験から学んできたんだということがわかりました。

汐見　楽しそうに手遊びをしている様子が伝わってきますね。

眞希　この2歳の女の子もおしゃべりはできませんが、なぜフォローができたのかと考えると、この前に、あるおばあちゃんに30分以上続けて相手をしてもらっていたんです。その方は認知症ですが、元保育士さんなので、遊び歌もとても上手です。その方が歌って、やり取りをじっくりしてくださっていた。この経験があったから、この女の子は、子どもたちだけの場面で、このダウン症の子のフォローが自然にできたんだと思います。「この子、歌えなくて気の毒だから歌ってあげよう」と思ったからではなく、自分自身がじっくり遊んでもらった経験があるから。「また明日」には、お年寄りも障がいを持った子どももいるからこそ出会える場面があると改めて感じました。大変なことよりも、子どもたちやお年寄りから教わることのほうがとても多いんです。

汐見　素晴らしい場面ですね。人間は、本能的に、「人の役に立ちたい」あるいは、その根っこに「人と共鳴したい」という欲求があると思います。おばあちゃんが歌を歌ってくれているとき、2歳の女の子は言葉の意味は分からなくても、心地よいリズムを聴いて心のどこかで響き合い、共鳴し合っていたんだと思います。子どもは何度も聴いているうちに、意味は分からなくても覚えてしまうことがありますね。脳のずっと内側の本能的なところでおばあちゃんと響き合う豊かな世界があったのではないでしょうか。お年寄りが歌ってくれた心地よいリズムに共鳴して、今度はそれを、仲間に、共鳴の世界として導入しようとしたのかもしれません。

障がいがあるとかないとか、お年寄りだとか子どもだとかは全く関係なく、心の深い世界には、丁寧に関わることで共鳴し合うものがある。そういうことを体験することは、子どもにとって幸せだし、保育の現場でもそういうきっかけをどんどん増やしていける可能性がまだまだあるなと思ってお話をうかがいました。

眞希　そうした場面でも、私のような保育者は、頭では分かっていても、その子のためだけに30分以上とどまることは難しい。そこをこの方が引き受けてくださったことがとてもありがたいと思います。それから、この時、よく見ると、一人の子が遠くからこの2人のやり取りを見ていて、少しずつ少しずつ、近づいてきたんです。そして、最後にようやく輪に入れました。もし私が「はい、おしまい。じゃあ次ね」などと早い展開でやっていたら、この子は入るタイミングを失っていたと思います。

ダウン症の男の子も、もちろんおしゃべりができて歌えたらいいけれど、もしそれができなくても、こうして、傍らに助けてくれる人がいることにこれからも気付いていってほしいし、その子の傍らにはそういう人がい続けてほしいと思います。

汐見　人間って、やっぱり共感し合うことがとても大事ですよね。人間が文明を作って社会を複雑にしてしまい、あれも処理しなきゃいけない、これもうまく関係を作らないといけないということばかりに気を取られ、頭が疲れ果ててしまった。そこで脳が、「もうそういうのやめたよ」と言っているのが認知症じゃないかとさえ思えます。だから逆に、共感できる場面を認知症の方にも上手に提供できれば、誰もが役割を果たすことができるんだなあって、今そんなことを思いました。

眞希　先日亡くなった西森さん（4章参照）は、亡くなる直前に娘さんが、「保育園の子どもたちが待ってるよ、お父さん」と話しかけたら、「ああ、俺は幸せだな」とおっしゃったそうです。そして、その2日後に亡くなりました。でも、子どもたちは相変わらずお散歩のときに、葉っぱを摘んでは、「あっ、これおじいちゃんの好きな葉っぱだ」と言うんです。

汐見　そういうおじいちゃんのこと、子どもたちは大好きですよね。僕なんかは、子どもと接しても、どこか教育意識が抜けません。「それは○○っていう草なんだよ」なんて、つい教えようとしてしまう。そう言われると、子どもは「覚えておきなさい」って言われている感じがするんじゃないかな。子どもは別に教えてほしいわけじゃないのにね。そういう世界ではやっぱり共感ですよね。「きれいな草だよね」「ああ、この葉っぱ好きかい」とか、それだけでいい。つまり子どもは、変にコントロールされずに共感してもらっているだけのとき、とても心地いいのでしょうね。

眞希　はい。子どももお年寄りも理屈抜き。子どもからそういうふうに頼られたり、「おばあちゃん」「おじいちゃん」と呼ばれたりするだけで嬉しいって皆さんおっしゃいます。

汐見　人間って、深い所で共感しながら、「自分が誰かの役に立っている」「この人に必要とされている」ということがうれしくて仕方がない。今の社会で抜けてしまっているのがそういう感覚かもしれません。昔は、家でいろいろな仕事を手伝わされました。「火おこして」とか、「これ運んどいて」とかね。でも、別に嫌々やっていたわけじゃない。「えっ、また?」なんて言いながら、自分が役に立っているという感じがありましたよね。

眞希　本当に、そうでしたね。私も子どもの頃は団地でよく子守をしていましたが、おばちゃんたちに、「私がやってあげるよ」とよく言っていました。今も、放課後に来る小・中学生が、よく赤ちゃんの面倒を見てくれます。

汐見 子どもって、小さい子の面倒をみんな見たがりますね。それができた時の喜びがあるんでしょうね。子どもだって、みんな誰かの役に立ちたい。そこには、自分の技量が上がっていく喜びと、自分は誰かの役に立っているという喜びがあるんじゃないかしら。人間は、自分のためだけになんて絶対に生きていけません。自分の心の中に住んでいるたくさんの他者――それは、親や子ども、友達などいろいろな人がいていいのですが――の役に立てるかな、必要とされているのかなということを考えている。人との豊かな間柄がないと幸せになれない生き物なんですよね。

だけど、今は家の仕事もなくなって、勉強も社会の役に立つためではなく、いい会社に入るため、つまり全部自分のためになってしまう。私たちは、もう一度、「なぜ私たちは生まれてきたのか」という哲学的な問いを立てなければならないと思います。

安心・安全を確保しながら豊かな体験の場を作る

眞希　少し話は変わりますが、ここ数年、保育園での重大事故を目にするたびに、「また明日」の中で子どもやお年寄りに頼りすぎているところがあるんじゃないかと考え始めています。こういう体制で今まで事故がなかったことは運がよかったにすぎないのではないか、もう一度足元を見直さなければならないのではないかと思うのです。

利用してくださる皆さんにとっても、私たちスタッフにとっても、学び合うことが多いこの環境がとてもいいと日々感じる一方で、このスタイルに頼ってしまってはいないかということをどうしても考えざるを得ない。

汐見　そうですね。子どもやお年寄りを預かっていることの原点として、とにかく命を守らなければならないということは絶対だと思います。しかし同時に、そこでいろいろな豊かな体験ができる環境を整えることもとても大事なことですよね。それは、人と関わる体験を含めてです。この世に生まれてきて、「世界にはこんな面白いことがあるんだ」ということを知って、どんどん新しいことにチャレンジしていくとか、「こんな面白い人がい

たんだ」ということに出会って、その人と関係を作りたいと思うとか、そういうことを豊かに保証することによって、人として何をしていけばいいかを自分で考える力が少しずつついていくのだと思います。

その時、子どもたちには本物の文化と触れさせてあげることが大事だと思っています。つまり、子どもが深く自分の生き方に影響を受けるような文化のことです。

子どもは自らを育て、発展させようとする力を持っています。素敵な文化と出会えれば、子どもはそこでどんどん自分を表現して、自分で挑んでいくようになる。あるいは人との関わりで今まで体験したことのないことを感じたら、それが人を愛する原点になっていく。

眞希　私たちもそう考えています。そこで、その環境を保った上で、安全面でどのような対応をしていくことが必要かをとても考えさせられるのです。

汐見　おそらく、どういうときに危険があるかについて、基礎的な知識を持っておくことが大事なんでしょうね。例えば、うつぶせ寝をさせると、0~1歳の子は睡眠中に突然死を起こしてしまう率が高いということを知っていれば、丁寧にチェックできます。そういう丁寧さ、慎重さは随所に必要です。そういう最低限の原理原則を、おじいちゃんおばあちゃんにわきまえてやってくださいというのは難しい。だからそういう意味では、全面的にお任せすることはできませんね。

ただ、「また明日」ではその環境を含めて見守る人がいる。そういう意味では、未来の新しい保育形態になると思います。多様な人、いろいろな年齢の人が当たり前にふれあう中で小さな子どもが育っていくことは自然な姿です。それを実現されている。これからの未来はそうなっていくだろうと思います。安心安全について常に見直していくことは必要ですが、そこで変に萎縮はしていただきたくないですね。

眞希　ありがとうございます。例えば、小学生が泣いている赤ちゃんをあやしたり、おばあちゃんがミルクをあげたりするときも、一見、任せているように見えて、スタッフがしっかり見守るということは原則にしています。

汐見　そうですね。小学生が抱っこするときも、最初はどうすればうまく抱けるか分からないですよね。「また明日」の保育のもう一つ面白いところは、例えば小学生が赤ちゃんの世話をするとき、その小学生も成長しているということですね。小さな子への理解や関係性をどう作るかということなどが深まっていきます。それは、その子どもたちが大人になった時に、子育てをするにしてもしないにしても、還元されていくでしょうね。

眞希　小学生から遊びに来ている女の子たちが中学生になって、２人で恋バナをしながら自然に子守をしています。面白いですよね。そういう様子を見ていると、実際に子育てする時にも、あまり肩に力を入れすぎずに子育てができるんじゃないかと頼もしく思います。

汐見　自然だなあ。おもしろいですね。

眞希　高齢者施設の関係者が見学に来ると、逆に、「高齢者がけがをしないか」と尋ねられることもあります。でも子どもたちは、お年寄りをよく見ていますね。例えば、ソファの下にボールが入ってしまい、それを取ってほしいというときにも、お元気で、とってくれそうな人を選んで頼んでいます。子どもの見る目はすごいと思います。

それから、お年寄りで和裁をする方がいらっしゃるのですが、髪の毛の油をつけながら縫い物をされていて、そういう所作を子どもたちが見る機会も大事にしていきたいと思っています。

汐見　そういう手慣れた所作を見る機会はとても大事ですよね。僕も子どものころは、近所の職人さんの仕事場へ出入りするのが一番楽しかったんです。じっと見ていると、大人ってすごいなと思う。手わざで素晴らしいものを作り出す過程をじっと見ているうちに、それぞれの子どもが「面白そう」「私もやってみたい」となるといいですよね。

自分探しとよく言いますが、何もないところで「何をやりたいの」と聞かれても、わかるものではないんです。素晴らしい文化とたくさん出会うことで、何かの機会に自分の中に響くものが見つかる。さりげない所作でも、人間の知恵を見る機会はとても大事です。じいちゃんばあちゃんがいてくれることでそういう機会がたくさんできると思います。ものを作る、いろいろなものを仕掛けてくれる、そういう人と出会うと子どもの心が活性化します。幼稚園や保育園でも、そういうことをもっと見せてあげてほしいですね。

「違い」がお互いの助けになり、強みにもなる

眞希　ぐうたら村の畑のお話を初めてうかがったとき、「また明日」も、ぐうたら村の畑と同じだなと思ったんです。少しぐうたら村のお話をうかがえますか。

汐見　八ヶ岳の麓で「ぐうたら村」を作っていますが、「これをやるのがぐうたら村」という形が決まっているわけじゃないんです。人との出会いでどんどん変わっていくし、発展していく。ただそこにベースとしてあるのは、これ以上自然を痛めつけないこと、身の丈に合ったエコライフを模索すること。そして「人間の幸せって何なんだ」ということをみんなで考え合うこと。そういう村にしたいという思いはあります。「また明日」と同じだなと思ったのは、どんなところですか？

眞希　一種類の作物だけを整然と並べて作るのではなく、多様なものを一緒に育てたほうが豊かな畑になるというお話を講演会でされていたのをうかがったとき、ああ、同じだと思いました。多様であるほうが、お互いにさまざまな影響を与え合うことができる。さら

に、選択肢が増えると虫だってたくさんやってくる。「また明日」は、まるで「ぐうたら村」の畑のようだなって思いました。常に多様でありたいといつも思っています。

汐見　自然にできた草原は、一つの植物でできたものではないですよね。もしも、最初に一種類しか生えていないとしても、数年後には必ず多様な植物が生えてくるそうです。植物は、育成する過程でいろいろものを地中にため込んでいくわけです。ある植物がそこにあることで湿気を蓄えることができたり、根っこが死んでしまった後にその空間が虫のすみかになったりしていきます。人間の手で耕してしまうと、自然にできた植物による働きを壊してしまうことになる。土が豊かなのは、その中に微生物がどれだけ豊かに住んでいるか。ミミズが住んでいるか、ですよね。「それぞれに違う」という生き物の多様性があるからこそ豊かな土地になる。だから耕す必要はなくて、小さな雑草ならむしろそのまま置いておいたほうが、枯れたらまた栄養分になって、土地が豊かになっていくということがあるんです。

そういう自然の持っている論理を活かしていくと、肥料もやらなくていい。「効率的に大量に同じものを急いで作る農業」と、「自然の命の営みと相談しながら、多様なものを多様な形で育ててありがたくいただく農業」は、かなり違いますよね。人間が育っていくのにも、どっちがいいのだろうかということを考えさせられます。

「ぐうたら村」は、そういうことを保育者が実際に感じられるような場所になってきました。今、さまざまなワークショップや保育関係者の研修なども行なっています。

眞希　効率よくやりたいという気持ちも人間が本来持っているものかもしれませんが、それはどう考えれば良いのでしょうか。

汐見　もちろん、人間は効率や速さも追求します。そういう意味では、文明だって必要です。僕は「ぐうたら村」に車で来るし、パソコンも使っています。人間が一生懸命考え出したものなんだから、使えるものは使おうと思います。ただ、そればかりに依存してしまって、手で作ることができなくなってしまったり、ゆっくりやることの面白さが分からなくなってしまったり、効率追求のために自然を破壊していることに気がつかなくなったりすることが問題だと思うのです。今、社会全体が、利益をあげるために自然の論理を忘れてしまっていることが多い。でも自然の論理が分かり、それに人間の方がうまく合わせることができると、実はうれしくなるんです。
多様な人がつながって、共感し、幸せを感じることはどういうことなんだろうと、この「ぐうたら村」の営みを通して考えることができればいいなと思っています。そこで、こうして農に注目しているのは、人間が生きる上で一番大事な「食べる」ということを支えているものを、もう一度学び直したいと考えたからです。

眞希　「ぐうたら村」の畑は、その向こう側にある整然とした畑とは随分違いますね。

汐見　美しいって何なんだろうと考えるんです。都会のビルや道路は、直線と人工的な曲線でできています。ここではできるだけ自然にないものは入れたくない。でも文明も必要です。文明と自然のちょうどいいバランスで「新しい美」をどう作っていくか、そういうことについて考えています。人間の幸せって、所有を増やすことや効率を上げることだけではない。美しいものに憧れたり、自然と深く共存できたと感じるときに、「ああ、生きるって面白い」と思うことができる。
新しい幸せの構築を模索する実践の場であり、学びの場でありたい。その中で大事にしていきたいことは、「また明日」と同じです。どんな仕事をしていても、老いも若きも、障がいがあるとかないとか関係ない。分けることなく新しくつないでいく。均一な人間だけでは、世界は成り立ちません。それは全く同じ論理です。
そういう意味でも僕は、「また明日」を心から応援しています。

眞希　ありがとうございます。一人ひとりの違いがお互いの助けになり、強みにもなるような、そんな生き方をみんなができるように、「また明日」を続けていきたいと思います。お話をうかがえて、力をいただいたような気がします。

今日からできるつながりのヒント

「また明日」で繰り広げられる日々の暮らしの中から
人とつながるために今日からできることをご紹介します。
できそうなところから、一つずつ。

ヒント1 あいさつをする

自分から心を込めてあいさつをする。返ってこなくても気にしない。あいさつは自分の心を開く合図。自分から相手に心を開く。

ヒント2 決めつけない

障がいがあるから、お年寄りだから、子どもだから、男だから、女だからと人を決めつけない。そこにいるその人をそのまま見る。

ヒント3 どうすれば実現するかを考える

何かを思いついたとき、できない理由を考えるのではなく、どうすれば実現するかを考えてみる。

ヒント4 困った時は助けてと言う

困ったことや悩み事は、一人で抱え込まず、助けてと言う。
自分一人で解決できることはない。

ヒント5 みんなで知恵を出し合う

いろいろな世代や立場の人に知恵をもらう。
一面から物事を見るのではなく、多面的に考える。

ヒント6 失敗してもいい

小さな失敗も大きな失敗も大丈夫。まずは、やってみる。
失敗したら、みんなで笑って次に進む。

ヒント7　ルールにしばられない

細かい決まりやルール、それは何のためか。
目的に立ち返ってもう一度考える。本当の目的は何かを見失わない。

ヒント8　時間に追われない

時間を守ることで何を手に入れ、何を失っているかを考える。
その人に流れる時間に想いを寄せる。

ヒント9　どうしたのかなと思ったら声をかける

どうしたのかなと心配な人がいれば声をかけてみる。
助けになれない時は誰かに頼めばいい。

ヒント10 「したい」気持ちを大切にする

「ねばならない」ではなく「したい」気持ちを大切にする。
「計画」よりも、「その時の心の動き」を大切にする。

ヒント11 先回りせずに見守る

子育ても、保育も、介護も、先回りしない。
安全を確保した上で、そこで起こることを見守る。

ヒント12 支え合う関係が生まれる場をつくる

「支える・支えられる」「教える・教えられる」ではなく
お互いに「支え合う」「学び合う」関係性が生まれる場をつくる。

ヒント13 目に見えないことを大切にする

目に見える状況や業務にとらわれず、
目に見えないことを大切にする。その行動の裏にある想いに心を寄せる。

ヒント14 自分を大切にする

人のためだけに全てを投げ打っていては、自らの心が荒んでいく。
まずは自分を大切にする。そうすれば相手も大切にできる。

ヒント15 スタッフの暮らしも大切にする

スタッフも一人の人間として暮らしていることを忘れない。
その人の人生、その人の暮らしを大切にする。

ヒント16　人はみんな同じ

えんちょー先生もスタッフも、お年寄りも子どもも誰が偉いとか偉くないということはない。みんな同じ。

ヒント17　人間の暮らしは分けられない

人間や人間の暮らしは属性によって分けることはできない。重なり合う部分、同じ部分を見る。

ヒント18　最後まで一緒に考える

最後まで寄り添い、一緒に考える。つながりを生かせば、大抵のことは何とかなる。

おわりに

ちょうどこの原稿を書き終えた日、眞希さんからメールが入った。取材を始めてから3年が経つが、眞希さんからはいつもタイミングよく連絡が入る。

「この地域で、長年通学時の見守りや学校や警察への働きかけをされていた人が、協力して小金井市の子どもたちの安全を見守ることができないかと声をかけてくださいました」

2019年は子どもたちを巻き込む大きな事件や事故が相次いだ。特に5月には、滋賀県大津市で散歩途中の保育園児が交通事故に巻き込まれ、神奈川県川崎市登戸では小学校に登校するためのスクールバスの乗り場で通り魔事件が起きた。

その後、厚生労働省の主導により安全点検が行われ、「保育所等での保育における安全管理の徹底について」という事務連絡が出された。また、文部科学省は前年度にまとめていた「登下校防犯プラン」に基づいて、登下校時の児童生徒等の安全確保のため、学校だけでなく警察や家庭、地域と連携しつつ、見守り活動に対する支援が必要だとしている。

眞希さんは5月の事件以来、ずっと心を痛めていた。「子どもたちの自由や自立はベースに安心安全がなければ成り立たない」と、「また明日」でも地域の安全を再点検した。

厚生労働省は、前出の連絡の際、次のようなことを明確に記載している。

「保育所外での活動は、保育において、子どもが身近な自然や地域社会の人々の生活に触れ、豊かな体験を得る機会を設ける上で重要な活動であり、移動も含め安全に十分配慮しつつ、引き続き積極的に活用いただきますようお願いいたします」

それでもなお、このような事故や事件が起こる社会の中で、子どもたちの自由な活動や多世代の豊かな交流を確保しながら、安全や安心をどこまで確実なものにできるだろうかと眞希さんは深く悩んでいるようだった。

メールを受けて私は眞希さんに電話をかけると、冒頭のメールについて、このように答えてくれた。

「地域の子どもたちの安全を考えていたのは、私たちのような現場の人間だけではないということを心強く感じました」

子どもたちが安全に通学し、安心して自由に遊べる地域は、全ての世代にとって安全・安心な暮らしの場所となるはずだ。地域の人たちは、あの子が安全に通えるように、この子も安心して遊べるようにと、見知った顔の子どもたちを守りたいと願っている。

「また明日」に通い、そこで日々起こる出来事の中に身を置くうちに、地域共生社会は、国が予算がないからと、弱者を支える仕組みを住民に押し付けるというだけのものであってはならないと強く思うようになった。

私たちは、今現在、たとえどんなに体力や健康に自信があっても、どんなに経済的に満たされた暮らしをしていても、誰もが弱い立場になる可能性を持っている。明日会社が倒産するかもしれない。明日家族が事故にあうかもしれない。自分自身が認知症になることも、障がいを抱えて生きていくこともある。災害で家が流され、何もない土地でも、私たちは再び立ち上がって生きていかなければならない。

その時、人は一人では生きていけない。

本当に地域がつながり直すために必要なのは、トップダウンで言われた通りに形だけを整えるシステムではなく、地域の人たちが心を組み替えて、必要な時に柔軟につながり合えるようなシステムである。臨機応変に地域の暮らしのニーズに合わせて、目の前の子どもたちやお年寄りの顔を思い浮かべながら、つながり合うことが必要だ。

そしてそれは、一人ひとりの心の中にあるスイッチを少し切り替えるだけで近づいていくことができる社会なのではないか。自分でできることを今日から一つずつ積み重ねながら、大きなシステムへの働きかけも絶対に諦めないことが重要である。

森田夫妻はそのことを、常に行動で示している。「また明日」で実践する場を作り、公のさまざまな会議にも出席し、提言し、頭の固い人もこれまでのやり方に固執する人たちをも豊かに包み込み、巻き込んでいく力がある。そこに巻き込まれた人たちがまた、他の人を巻き込んでいく。そしてまた、自分たちをも常に更新することも忘れない。

「最初から社会を変えていこうとするんじゃなくて、自分はこうしようと思うことをする」と和道さんは言った。そして、目指すところは「自分のことだけが大事な人も、たとえ罪を犯した人も、全てを抱擁するような社会」だという。


私たち一人ひとりが、目の前の、ほんの小さなできることを積み重ねていくことが、確実に社会を変えていく。この本を手にしてくれた皆さんが、自分が暮らす地域で少しずつ動き出してくださることを心から願う。

どんなにひどいニュースが流れようとも、この世界は素晴らしいところだと、子どもたちに伝え、日々を楽しみながら歳を重ねていけるような社会に近づけたいと思う。

最後になりましたが、「また明日」との出会いをくださった汐見稔幸先生、何度も「また明日」に足を運び、温かい目線で撮影をしてくださった藤田浩司さん、タイトなスケジュールで奔走してくださった風鳴舎の青田恵さん、本当にありがとうございました。

そして何より、森田眞希さん、森田和道さんをはじめ、取材をお受けいただいたみなさま、「また明日」の関係者のみなさま、子どもたち、利用者のみなさまに深く感謝をお伝えします。

本当にありがとうございました。

そして、これからもどうぞよろしくお願いいたします。また遊びにうかがいます。うかがう時は、必ず差し入れを持って。

みなさまも、「また明日」に見学に行く際は、ぜひ、とびきりの笑顔とたくさんの差し入れをお忘れなきよう心よりお願いいたします。

太田 美由紀

2019年10月

私たちのような者にアパートを貸してくださった大家さん
私たちのような者をお受け入れくださったご近所の皆さん
私たちのような者をお受け入れくださった地域の皆さん
私たちのような者のために
こっそりと汗をかいてくださった皆さん
私たちのような者に手を差し伸べてくださった皆さん
私たちのような者を常に気にかけてくださった皆さん
私たちのような者を守ってくださった皆さん
私たちのような場所を訪れてくださった皆さん
私たちのような場所をご利用くださった皆さん
私たちのような者に笑顔をくださった皆さん
私たちのような者を叱ってくださった皆さん
私たちのような者のためにこらえてくださった皆さん
私たちのような者につながってくださった皆さん
そのつながりの先につながっている皆さん

私たちのような者と共にいて下さる全ての皆さんに
心からの感謝を申し上げます

森田 眞希
森田 和道

東京で生まれ育った森田眞希と、大阪で生まれ育った森田和道が、1988年上智社会福祉専門学校に入学して出会い、卒業と同時に結婚。和道が高齢者福祉、眞希は保育の分野で働きながら2006年12月1日、「NPO法人 地域の寄り合い所 また明日」を開所。

太田 美由紀（おおた・みゆき）

1971年大阪府生まれ。早稲田大学第一文学部卒。編集者、ライター。育児、教育、福祉を中心に、誕生から死まで「生きる」を軸に多数の雑誌、書籍に関わる。2011年よりNHK Eテレの子育て番組『すくすく子育て』に携わる。また、同年より新宿区教育委員会事務局-教育支援課による家庭教育ワークシートプロジェクトメンバー。東京都子育て支援員、子育てコーディネーターとして子育て相談の現場でも活動。2017年より狛江市子ども・子育て会議市民委員。Forbes Japan web オフィシャルコラムニストとして「ドキュメント 教育革命の最前線から」執筆連載中。「新しい時代をつくる子育て・教育とは何か」「人間とは何か」に迫るため、取材・執筆・編集等の活動を続けている。

カバー・本文写真　：藤田 浩司
カバー・紙面デザイン：萩原 弦一郎
DTP　：okumura printing
編集協力　：小畑 哲、矢部 諒音
PR　：小川 凛一、進藤 一茂、吉岡 なみ子

Special Thanks　：汐見 稔幸（東京大学名誉教授）
NPO法人 地域の寄り合い所 また明日

新しい時代の共生のカタチ
地域の寄り合い所 また明日

2019年12月15日　初版第1刷発行

著　者　太田 美由紀（おおた・みゆき）

発行所　株式会社風鳴舎
〒171-0021 東京都豊島区西池袋1丁目11-1
メトロポリタンプラザビル14階
（電話03-5963-5266／FAX03-5963-5267）

発行者　青田 恵

印刷・製本　奥村印刷株式会社

ISBN978-4-907537-23-4　C0036
Printed in Japan